Uta Livonius

Intelligente LRS-Schüler – Ratgeber für Eltern

Erkennen und verstehen – unterstützen und ermutigen

Uta Livonius unterrichtet seit 2007 Gymnasiasten, Real- und Gesamtschüler mit LRS nach ihrem selbst entwickelten LRS-Lernprogramm. Das Thema LRS ist für die Diplom-Biologin und Heilpraktikerin seit vielen Jahren vorrangig. Dazu hält sie Vorträge in Schulen und bei Kongressen und führte Lehrerfortbildungen für die Sekundarstufe I in Schleswig-Holstein durch. Uta Livonius verbindet wissenschaftliche und ganzheitliche Ansätze mit den persönlichen Erfahrungen als Mutter und LRS-Coach (Website: www.lrscoaching.de).

Wir haben unseren Markennamen von AOL-Verlag zu scolix geändert. Alle Inhalte entsprechen den bisher unter dem Namen AOL-Verlag erschienenen Auflagen.

Wir verwenden in unseren Werken eine genderneutrale Sprache, damit sich alle gleichermaßen angesprochen fühlen. Wenn keine neutrale Formulierung möglich ist, nennen wir die weibliche und die männliche Form. In Fällen, in denen wir aufgrund einer besseren Lesbarkeit nur ein Geschlecht nennen können, achten wir darauf, den unterschiedlichen Geschlechtsidentitäten gleichermaßen gerecht zu werden.

In diesem Werk sind nach dem MarkenG geschützte Marken und sonstige Kennzeichen für eine bessere Lesbarkeit nicht besonders kenntlich gemacht. Es kann also aus dem Fehlen eines entsprechenden Hinweises nicht geschlossen werden, dass es sich um einen freien Warennamen handelt.

3. Auflage 2024
© 2014 scolix Verlag, Hamburg

AAP Lehrerwelt GmbH
Veritaskai 3
21079 Hamburg
Telefon: +49 (0) 40325083-040
E-Mail: info@lehrerwelt.de
Geschäftsführung: Andrea Fischer, Sandra Saghbazarian
USt-ID: DE 173 77 61 42
Register: AG Hamburg HRB/126335
Alle Rechte vorbehalten.

Das Werk als Ganzes sowie in seinen Teilen unterliegt dem deutschen Urheberrecht. Die Erwerbenden einer Einzellizenz des Werkes sind berechtigt, das Werk als Ganzes oder in seinen Teilen für den eigenen Gebrauch und den Einsatz im eigenen Präsenz- wie auch dem Distanzunterricht zu nutzen. Produkte, die aufgrund ihres Bestimmungszweckes zur Vervielfältigung und Weitergabe zu Unterrichtszwecken gedacht sind (insbesondere Kopiervorlagen und Arbeitsblätter), dürfen zu Unterrichtszwecken vervielfältigt und weitergegeben werden.

Die Nutzung ist nur für den genannten Zweck gestattet, nicht jedoch für einen schulweiten Einsatz und Gebrauch, für die Weiterleitung an Dritte einschließlich weiterer Lehrkräfte, für die Veröffentlichung im Internet oder in (Schul-)Intranets oder einen weiteren kommerziellen Gebrauch. Mit dem Kauf einer Schullizenz ist die Schule berechtigt, die Inhalte durch alle Lehrkräfte des Kollegiums der erwerbenden Schule sowie durch die Schülerinnen und Schüler der Schule und deren Eltern zu nutzen.

Nicht erlaubt ist die Weiterleitung der Inhalte an Lehrkräfte, Schülerinnen und Schüler, Eltern, andere Personen, soziale Netzwerke, Downloaddienste oder Ähnliches außerhalb der eigenen Schule.
Eine über den genannten Zweck hinausgehende Nutzung bedarf in jedem Fall der vorherigen schriftlichen Zustimmung des Verlags. Sind Internetadressen in diesem Werk angegeben, wurden diese vom Verlag sorgfältig geprüft. Da wir auf die externen Seiten weder inhaltliche noch gestalterische Einflussmöglichkeiten haben, können wir nicht garantieren, dass die Inhalte zu einem späteren Zeitpunkt noch dieselben sind wie zum Zeitpunkt der Drucklegung. Der scolix Verlag übernimmt deshalb keine Gewähr für die Aktualität und den Inhalt dieser Internetseiten oder solcher, die mit ihnen verlinkt sind, und schließt jegliche Haftung aus.

Die automatisierte Analyse des Werkes, um daraus Informationen insbesondere über Muster, Trends und Korrelationen gemäß § 44b UrhG („Text und Data Mining") zu gewinnen, ist untersagt.

Autorschaft:	Uta Livonius
Redaktion:	Kathrin Roth
Covergestaltung:	TSA&B Werbeagentur GmbH, Hamburg
Coverfoto:	vege – Fotolia.com
Satz:	Reemers Publishing Services GmbH, Krefeld
Druck und Bindung:	SDK Systemdruck Köln GmbH & Co. KG, Köln

ISBN: 978-3-403-10242-7
www.scolix.de

Danke
Meinen Schülern, die durch wunderbare Erfolge und geniale Gedanken meine Arbeit bereichern und mir viel Freude bereiten.
Den Eltern meiner Schüler für die Anregung, dieses Buch zu schreiben.
Meiner Lektorin Kathrin Roth für die Offenheit für meine Ideen, fruchtbare Gespräche und eine tolle Zusammenarbeit.
Meiner Familie, die mich bestärkt und unterstützt.

Inhalt

Vorwort 7

Teil 1: Spät erkannte LRS 8

1. Legasthenie, LRS oder Rechtschreibschwäche? 9
1.1. Informationsflut – Lassen Sie sich nicht verunsichern 9
1.2. Spätdiagnose ab Klasse 5: Test und Ergebnis 12
1.3. Erlasse – Nicht nur für „Anerkannte" 14
1.4. Was nun? – Die Chancen stehen gut! 15
1.5. Kindergefühle 18
1.6. Warum LRS-Schüler Rechtschreibung lernen können 20

2. Erkennen Sie Ihr Kind? – Wo LRS-Kinder auffallen 21
2.1. So genial kann Lesen sein 24
2.2. Ursprung der Rechtschreibprobleme 27
2.3. Es geht auch anders – Wer versteht, kann helfen 29
2.4. Hoffentlich merkt das keiner – Vermeidungsstrategien 31
2.5. Hobbys sind wertvoll 32
2.6. Suche nach Anerkennung – Verhaltensauffälligkeiten 33

3. LRS-Management 35
3.1. Zu Hause alles klar – Voraussetzung für den Erfolg 35
3.2. Fit fürs Lernen 38
3.3. Ordnung bringt Sicherheit 39
3.4. Absprachen mit Lehrern – Im Team gelingt es 43
3.5. Tests und Klassenarbeiten 46
3.6. Lehrergespräche 53

4. Gekonnt lernen – Tipps für jeden Typ 55
4.1. Lesen 55
4.2. Visueller Lerntyp 57
4.3. Auditiver Lerntyp 60
4.4. Motorischer Lerntyp 60

4.5. Lernsoftware und Spiele	62
4.6. Lernhilfen im Überblick	63

5. Rechtschreibung kann jeder lernen — 65

5.1. Voraussetzungen	65
5.2. Der Rechtschreib-Teufelskreis	68
5.3. Problem erkannt	70
5.4. Der Rechtschreib-Erfolgskreis	71
5.5. Verstehen statt üben	72
5.6. Weitermachen lohnt sich	74

6. Abwechslungsreich und effektiv lernen — 75

6.1. Konzentration	76
6.1.1. Aufmerksamkeit	76
6.1.2. Bewegung	78
6.2. Bilder und Geschriebenes	80
6.2.1. Falsche Bilder löschen	80
6.2.2. Poster, Bilder und Collagen	80
6.2.3. Karteikarten	81
6.2.4. Knickspiel	84
6.2.5. Stadt – Land – Fluss	85
6.3. Spiele und Bälle	85
6.3.1. Buchstaben und Worte	86
6.3.2. Wahrnehmung und Kombination	87
6.3.3. Bälle zum Lernen	88

Teil 2: Das Lernprogramm für intelligente LRS-Schüler begleiten — 89

1. Grundlagen — 90

1.1. Fachbegriffe	90
1.2. Lange und kurze Vokale	91

2. Überprüfen der Rechtschreibung — 97

2.1. Silben	97
2.2. Verwandte	98
2.3. b/p, d/t, g/k	99
2.4. Verlängern	99

2.5. Mitsprechen 101
2.6. Korrekturlesen 102

3. Rechtschreibregeln nach kurzem Vokal 105

4. Rechtschreibregeln nach langem Vokal 108
4.1. Ohne Dehnungszeichen 108
4.2. Stummes h 109
4.3. ie, Doppelvokale, vokaletrennendes h 111

5. Besonderheiten 114

6. Verben richtig schreiben 116

7. Wortbausteine 118

8. Verwechslungsgefahr 120

9. Zusammen oder getrennt? 122

10. „das" oder „dass"? 124

11. Großschreibung 126

12. Kommaregeln 127

13. Erfolg motiviert 128

Anhang 130
Grundsätze zur Förderung von Schülerinnen und Schülern mit besonderen Schwierigkeiten im Lesen und Rechtschreiben oder im Rechnen 130

Literatur 133
Weiterführendes zu Fit fürs Lernen (Teil 1, Kapitel 3.2.) 133
Spiele und Lernhilfen 134

Linktipps 135
Erlasse 135

Vorwort

Intelligente Kinder mit LRS absolvieren meist als gute Schüler die Grundschule. Irgendwann in der 5. oder 6. Klasse fallen sie wegen schlechter Rechtschreibleistungen auf, eine LRS wird festgestellt, die Eltern werden informiert. – Und jetzt?
Wer weiß, dass sein Kind Probleme in der Schule hat, möchte etwas tun, weiß aber oftmals nicht was.
Als mein Sohn die 6. Klasse des Gymnasiums besuchte, stand ich selbst vor diesem Problem. In der Grundschule war er in allen Fächern gut, aber inzwischen waren seine Rechtschreibleistungen so weit vom Geforderten entfernt, dass er „auf LRS getestet" wurde. Es folgte ein Elterngespräch, in dem ich erfuhr: Ihr Kind ist Legastheniker. Wie sollte es nun weitergehen? Einfach zur Kenntnis nehmen und weitermachen wie bisher? Wen sollte ich fragen? Wo sollte ich mich informieren? Was bedeutete diese Diagnose für mein Kind, für seine Schullaufbahn? – Heute ist mein Sohn ein Student ohne Rechtschreibprobleme.

Seit einigen Jahren unterrichte ich Gymnasiasten, Real- und Gesamtschüler. Es freut mich sehr, wenn ich erleben darf, wie aus frustrierten Falschschreibern selbstbewusste Richtigschreiber werden. Es freut mich auch, wenn Eltern durch meine Vorträge, Elternabende oder persönliche Gespräche ihre Sorgen verlieren, das enorme Potenzial ihrer Kinder erkennen und diese positiv auf ihrem Weg zum angestrebten Schulabschluss begleiten.
Aus diesen Erfahrungen ist nun ein Buch entstanden, das hoffentlich vielen Eltern Mut macht, aber vor allem viele Kinder davor bewahrt, wegen der Rechtschreibung auf ihre Träume verzichten zu müssen.

Der zweite Teil dieses Buches bezieht sich konkret auf das „Intelligente LRS-Schüler Lernprogramm", das ich speziell für intelligente, spät erkannte LRS-Schüler entwickelt habe. Es kann von Kindern ab der 5. Klasse selbstständig bearbeitet werden. Viele Anregungen, Tipps und Ergänzungen aus diesem Ratgeber zeigen, wie Sie Ihr Kind dabei noch effektiver unterstützen können.

Teil 1
Spät erkannte LRS

Eltern von LRS-Schülern[1] sind gefordert, denn ihre Kinder brauchen Unterstützung. Informationen beschaffen, Lehrergespräche führen, beim Lernen helfen und häufiges Motivieren sind nur einige ihrer Aufgaben. Wird eine LRS erst spät (nach der Grundschulzeit) festgestellt, entsteht zusätzlich ein erheblicher Zeitdruck, denn die Schullaufbahn soll möglichst nicht negativ beeinflusst werden.

---

[1] Wegen der besseren Lesbarkeit verzichte ich auf die ausdrückliche Nennung der weiblichen Form. Sie ist stets mitgemeint.

1. Legasthenie, LRS oder Rechtschreibschwäche?

In diesem Kapitel erfahren Sie,
- mit welchen Begriffen Lese-Rechtschreib-Probleme beschrieben werden,
- wozu die Unterscheidungen dienen,
- wann ein Legasthenie-/LRS-Test sinnvoll ist,
- welche Konsequenzen eine Anerkennung hat,
- welche Möglichkeiten LRS-Erlasse betroffenen Schülern eröffnen,
- was die Feststellung einer Legasthenie/LRS für Sie und Ihr Kind bedeuten kann und
- warum LRS-Schüler Rechtschreibung lernen können.

Die Rechtschreibung schockiert, ist nicht nur schlecht, sondern unterdurchschnittlich. Im Deutschheft leuchtet es regelmäßig rot: „Leider nicht mehr ausreichend." Die Lehrer meinen, Ihr Kind sollte mehr üben. Es mag oder kann aber nicht noch mehr üben, besonders weil die ganze Überei so wenig Erfolg bringt.
Bedeutet das, Ihr Kind hat Legasthenie, LRS oder Rechtschreibschwäche? Wie kann das sein? In der Grundschule war doch alles in Ordnung.

1.1. Informationsflut – Lassen Sie sich nicht verunsichern

Sie wollen sich informieren, aber schon bevor Sie richtig beginnen können, tauchen viele Fragen auf: Legasthenie – Krankheit oder Störung? LRS – nur eine Schwäche? Isolierte Rechtschreibschwäche?
Überhaupt scheint eine Vermischung von „Störung", „Schwäche" und „Schwierigkeiten" auf diesem Gebiet normal zu sein. Nicht einmal die Kultusministerien, Ärzte, Psychologen oder Therapeuten benutzen einheitliche Begriffe.

Da Legasthenie-/LRS-Forschung unter verschiedenen Gesichtspunkten betrieben wird[2], verwundert es nicht, dass auch die Aussagen über Ursachen und Hilfsmöglichkeiten z. T. stark voneinander abweichen.

Legasthenie: Lese-Rechtschreib-Störung
Der Begriff „Legasthenie" wird kaum noch verwendet, stattdessen spricht man von „Lese- und Rechtschreib-Störung". Die WHO (Weltgesundheitsorganisation) beschreibt in der ICD (International Statistical Classification of Diseases and Related Health Problems) die Lese-Rechtschreib-Störung als eine „umschriebene Entwicklungsstörung schulischer Fertigkeiten". „Das Hauptmerkmal ist eine umschriebene und bedeutsame Beeinträchtigung in der Entwicklung der Lesefertigkeiten, die nicht allein durch das Entwicklungsalter, Visusprobleme oder unangemessene Beschulung erklärbar ist [...]."[3]

Isolierte Rechtschreibstörung
Laut WHO handelt es sich dabei um „eine Störung, deren Hauptmerkmal in einer umschriebenen und bedeutsamen Beeinträchtigung der Entwicklung von Rechtschreibfertigkeiten besteht, ohne Vorgeschichte einer Lesestörung. Sie ist nicht allein durch ein zu niedriges Intelligenzalter, durch Visusprobleme oder durch unangemessene Beschulung erklärbar [...]."[4] Für die Diagnostik und Maßnahmen in der Schule spielt die isolierte Rechtschreibstörung im Allgemeinen keine Rolle, denn normalerweise wird unabhängig von der Lesefertigkeit eine Legasthenie bzw. eine LRS bescheinigt.

Lese-Rechtschreib-Schwäche
Lese-Rechtschreib-Schwäche[5], häufig LRS genannt, bezeichnet dagegen eine vorübergehende Schwäche, deren Ursachen erklärt und behoben

---

2 Vgl. Was tun bei Legasthenie in der Sekundarstufe?, S. 57.
3 ICD F81.0, 2013 (siehe Linktipps).
4 ICD F81.1, 2013 (siehe Linktipps).

5 Vgl. KMBek vom 16. November 1999, Amtsblatt – KWMBl. I S. 379, in Abschnitt IV, 2. Absatz geändert am 11. August 2000, KWMBl I S. 403, https://www.schulberatung.bayern.de/schulberatung/index_05164.asp.

werden können. Kritisiert wird an dieser Definition, dass dem Kind die Schwäche als Eigenschaft zugeschrieben wird. (Es hat eine Schwäche.)[6]

Mögliche Ursachen für eine Lese-Rechtschreib-Schwäche sind z. B.:
- häuslich
  - wenig Lernanreize und Unterstützung
  - wechselnde Bezugspersonen
  - Umzug
  - familiäre Spannungen
  - soziale Notlage
  - Krankheit oder Tod von Angehörigen
- gesundheitlich
  - Probleme beim Sehen
  - Probleme beim Hören
  - akute oder chronische Erkrankung
- schulisch
  - mangelnde Übung
  - Schulversäumnisse
  - Schulwechsel
  - Lehrerwechsel
  - Unterrichtsausfall
  - unpassende Methoden

Lese-Rechtschreib-Schwierigkeiten
Legasthenie, isolierte Rechtschreibschwäche und Lese-Rechtschreib-Schwäche werden heutzutage oft unter dem Begriff „Lese-Rechtschreib-Schwierigkeiten" zusammengefasst und ebenfalls LRS genannt. Diese Bezeichnung stellt lediglich Schwierigkeiten beim Lesen und Rechtschreiben fest, unabhängig von möglichen Ursachen. „Das dynamische Wechselspiel von individuellen, häuslichen und schulischen Faktoren"[7] führt zur Entstehung dieser Schwierigkeiten.

---

6 Vgl. LRS – Legasthenie in den Klassen 1–10. Handbuch der Lese-Rechtschreib-Schwierigkeiten. Band 1, S. 32 f.
7 Vgl. LRS – Legasthenie in den Klassen 1–10. Handbuch der Lese-Rechtschreib-Schwierigkeiten. Band 2, S. 11.

Schüler mit besonderen Schwierigkeiten im Lesen und Rechtschreiben
Die Kultusministerkonferenz und viele Ministerien der Länder sprechen von „Schülerinnen und Schülern mit besonderen Schwierigkeiten im Lesen und Rechtschreiben".[8] Damit werden alle Schüler einbezogen, egal welche Ursachen zu ihren Lese- und/oder Rechtschreibproblemen führen. Zusätzlich wird auch hier berücksichtigt, dass das Lernen ein dynamischer Prozess ist.[9]

Es sieht aus, als gäbe es so viele Erklärungen wie Internetseiten und so viele Therapien wie Therapeuten. Hatte Ihr Kind einfach nur zu wenig Zeit zum Lernen? Liegt ein erblicher Defekt vor? Waren die Lehrmethoden in der Grundschule unpassend oder fiel zu oft der Unterricht aus?

Eigentlich ist es egal. Ihr Kind hat Probleme mit der Rechtschreibung und vielleicht beim Lesen, das muss geändert werden.

Die Bezeichnung (Legasthenie/LRS) entscheidet allerdings darüber, welche Unterstützungen und Erleichterungen Ihrem Kind zustehen. Daher lohnt es sich, den Erlass des jeweiligen Bundeslandes zu lesen und in der Schule gezielt nachzufragen. Lassen Sie sich aber sonst nicht verwirren. Das Entscheidende ist: Rechtschreibprobleme sind weder Krankheiten noch Erbschäden, sie sind zu beheben, aber nicht wegzuzaubern.

> Rechtschreibprobleme sind weder Krankheiten noch Erbschäden, sie sind zu beheben, aber nicht wegzuzaubern.

In diesem Buch verwende ich im Allgemeinen den Begriff „LRS", es sei denn, die Unterscheidung ist von Bedeutung. Mit LRS-Schülern sind entsprechend Schüler mit besonderen Schwierigkeiten im Lesen und/oder Rechtschreiben gemeint.

1.2. Spätdiagnose ab Klasse 5: Test und Ergebnis

Intelligenten LRS-Schülern merkt man ihre Rechtschreibprobleme häufig erst nach der Grundschulzeit an.

---

8 Vgl. Erlasse der Bundesländer (siehe Linktipps).

9 Vgl. LRS – Legasthenie in den Klassen 1–10. Handbuch der Lese-Rechtschreib-Schwierigkeiten. Band 1, S. 34.

1. Legasthenie, LRS oder Rechtschreibschwäche?

| Intelligenten LRS-Schülern merkt man ihre Rechtschreibprobleme häufig erst nach der Grundschulzeit an. | Bis dahin gelingt es ihnen, ihre Defizite auszugleichen, indem sie besonders gewissenhaft arbeiten, fleißig lernen oder ganz eigene Strategien entwickeln. Durch die viel höheren Ansprüche an weiterführenden Schulen sind diese |

Kinder aber überfordert, wenn sie, sozusagen nebenbei, ihre Lese- und Rechtschreib-Schwierigkeiten weiterhin kompensieren müssen.

Was für eine unglaubliche Leistung hat Ihr Kind vollbracht, wenn es trotz seiner Rechtschreibprobleme erst jetzt damit so sehr auffällt, dass Sie und die Lehrer alarmiert sind! Ein Kind, bei dem erst nach der Grundschulzeit festgestellt wird, dass es gravierende Rechtschreibprobleme hat, hat Großartiges geleistet. Etwas richtig zu schreiben, weil man es wirklich verinnerlicht hat, sogenanntes automatisiertes Schreiben, ist nämlich viel einfacher als verunsichertes Auswendiglernen und Raten. Vielleicht wird Ihr Kind als „verhaltensauffällig" bezeichnet, aber die schulischen Leistungen waren bisher in Ordnung. Kinder mit schwerer LRS fallen viel früher auf. Sie hätten ohne gezielte Förderung keine Chance, so gut zu lesen und zu schreiben, um sich so weit „durchzumogeln". Also machen Sie sich keine allzu großen Sorgen. Handeln sollten Sie aber trotzdem. Falls es noch nicht geschehen ist, informieren Sie sich in der Schule, wie und wo Sie Ihr Kind testen lassen können. Da nicht nur die Bezeichnungen (Legasthenie/LRS), sondern auch die Verfahren zur Anerkennung unterschiedlich sind, werden hier keine Einzelheiten beschrieben. Grundsätzlich gilt aber, dass Sie Ihr Kind testen lassen sollten. In vielen Schulen wird der Test durchgeführt, ansonsten bei Kinder- und Jugendpsychologen. Der Test ist eine Kombination aus Intelligenztest, Rechtschreib- und manchmal Lesetest. Zusätzlich werden Zeugnisse, Stellungnahmen der Lehrer und andere Unterlagen benötigt. Wenn das Ergebnis vorliegt, erfahren Sie:

a) Es wurde eine Legasthenie/LRS festgestellt. Oder:
b) Es wurde keine Legasthenie/LRS festgestellt.

In beiden Fällen, unabhängig von der Diagnose, braucht Ihr Kind Hilfe und eine passende Rechtschreibförderung, denn sonst wäre es ja gar nicht aufgefallen.

Jetzt haben Sie Anhaltspunkte, wenn auch keine Klarheit, warum Ihr Kind Rechtschreibprobleme hat. Eine meiner Schülerinnen strengte sich im Test so sehr an, dass sie fast fehlerfrei blieb – also kein Fall von LRS? Zwei Jahre später „hatte" sie LRS.

Wurde eine Legasthenie/LRS festgestellt, hat Ihr Kind, je nach Bundesland mehr oder weniger, Anspruch auf Förderung und Nachteilsausgleich. Eine Kostenübernahme für Therapien durch das Jugendamt erfolgt für spät erkannte LRS-Schüler im Allgemeinen nicht. Sie leiden weder an einer extremen Legasthenie noch befinden sie sich in einem „seelischen Notzustand mit sozialen Integrationsrisiken".[10]

1.3. Erlasse – Nicht nur für „Anerkannte"

Für Schüler mit besonderen Schwierigkeiten im Lesen und Rechtschreiben gibt es einen Beschluss der Kultusministerkonferenz, Erlasse der einzelnen Bundesländer und z. T. Regelungen zur Umsetzung in den jeweiligen Schulen. Die Erlasse finden Sie über die Linktipps im Anhang oder indem Sie sich direkt an das entsprechende Ministerium wenden. In der Schule fragen Sie am besten den Vorsitzenden der Deutschfachschaft, wenn der Deutschlehrer Ihres Kindes Ihnen nicht weiterhelfen kann.

Die „Grundsätze zur Förderung von Schülerinnen und Schülern mit besonderen Schwierigkeiten im Lesen und Rechtschreiben oder im Rechnen" als Beschluss der Kultusministerkonferenz vom 04.12.2003 i. d. F. vom 15.11.2007 enthalten u. a. Vorschläge zum Nachteilsausgleich und zur Leistungsbewertung. Diese werden nicht überall umgesetzt. Sie helfen aber zu verstehen, was Ihrem Kind das Schulleben ein bisschen erleichtern könnte.[11] Dabei muss zwischen Nachteilsausgleich und Leistungsbewertung unterschieden werden.

---

10 Vgl. Was tun bei Legasthenie in der Sekundarstufe?, S. 249.

11 Vgl. Grundsätze zur Förderung von Schülerinnen und Schülern mit besonderen Schwierigkeiten im Lesen und Rechtschreiben oder im Rechnen. Beschluss der Kultusministerkonferenz vom 04.12.2003 i. d. F. vom 15.11.2007 (siehe Anhang und Linktipps).

1. Legasthenie, LRS oder Rechtschreibschwäche?

Leistungsbewertung

Abweichungen von der Leistungsbewertung betreffen Zensuren in Klassenarbeiten und Zeugnissen und werden dokumentiert. So heißt es dann z. B.: „Die Rechtschreibleistungen entsprechen nicht den Anforderungen; sie sind in den Fachnoten nicht enthalten."

Dieser „Notenschutz" bezüglich der Rechtschreibung soll motivieren. Es geht darum, die Inhalte zu benoten, ohne dass aufgrund der Rechtschreibung Punkte abgezogen werden. Das gilt nicht nur für Deutsch und die Fremdsprachen, sondern auch für die Sachfächer. Aus diesem Grund empfiehlt es sich, ein rechtschreibschwaches Kind testen zu lassen, denn die Motivation zu lernen hängt schließlich stark von den Zensuren ab.

Nachteilsausgleich

Der Nachteilsausgleich gewährt dem Schüler die Möglichkeit, seine Leistungen trotz der Lese- und/oder Rechtschreib-Schwierigkeiten zu erbringen. Dazu gehören beispielsweise

- längere Arbeitszeiten,
- das Vorlesen der Aufgabenstellung oder
- die Nutzung von Hilfsmitteln.

Diese Maßnahmen können in Ausnahmefällen sogar in Abiturprüfungen gewährt werden, ohne dass es im Zeugnis vermerkt wird. Damit können LRS-Schüler aus eigener Kraft ihre Rechtschreibleistungen so steigern, dass der Notenschutz möglicherweise nicht mehr benötigt wird.

1.4. Was nun? – Die Chancen stehen gut!

Informieren Sie sich anhand des für Sie geltenden Erlasses und, falls vorhanden, der Umsetzungsrichtlinien Ihrer Schule, welche Rechte Ihr Kind hat. Lehrer haben, je nach Studienjahr und -ort, sehr unterschiedliche Kenntnisse und Vorstellungen über Legasthenie/LRS. So kann es vorkommen, dass an einer Schule die Lehrkräfte stark voneinander abweichende Ansichten vertreten. Hier einige Beispiele:

- *Legasthenie wird vorgeschoben, um Faulheit zu vertuschen.*
- *Legastheniker müssen besonders gefördert werden.*

- *Legastheniker brauchen keine Berichtigung zu machen, das nützt sowieso nichts.*
- *Legastheniker können keine Regeln lernen.*
- *Legastheniker profitieren von klaren Regeln.*
- *Legastheniker haben irreparable Schäden.*
- *Legastheniker sind zwar Genies, halten den normalen Schulbetrieb aber auf.*
- *Legastheniker müssen jedes Wort so oft schreiben, bis es sich eingeprägt hat.*
- *Legastheniker haben auf Gymnasien nichts zu suchen.*
- *Legastheniker sind besonders intelligent und profitieren gerade von der Oberstufe mit der Fächerwahl.*

Tun Sie also sich und den Lehrern Gutes, indem Sie selbst gut vorbereitet und informiert über die Probleme und Wünsche Ihres Kindes, Ihre eigenen Fragen und Wünsche und Ihre Rechte zu einem Gesprächstermin kommen. Anregungen und Checklisten dazu finden Sie in Kapitel 3.

Das Buch „Intelligente LRS-Schüler – Leitfaden für Lehrer"[12] informiert Lehrkräfte in ähnlicher Weise wie der vorliegende Eltern-Ratgeber. Weisen Sie gegebenenfalls die Lehrer darauf hin. So schaffen Sie eine gute gemeinsame Gesprächsgrundlage.

Die Reaktionen auf die Feststellung einer Legasthenie/LRS sind unterschiedlich. Die betroffenen Schüler sind normalerweise froh, dass es endlich eine Erklärung für ihre schlechte Rechtschreibung gibt, fragen sich aber, ob sie eine Krankheit haben. Ihre Eltern sind erleichtert wegen der logischen Erklärung für die schlechten Leistungen, aber besorgt, dass diese Feststellung ihrem Kind die Zukunft verbauen könnte.

Werden die Rechtschreibleistungen nicht bewertet (Abweichung von der Leistungsbewertung), ist das für die Schüler tatsächlich eine Entlastung, die Mut machen soll, weiterhin viel zu schreiben. Sie bekommen damit Zeit, ihre Defizite auszugleichen. Ihre Aufgabe als Elternteil besteht jetzt darin zu verhindern, dass eine grenzenlose Gelassenheit eintritt. „Die Rechtschreibung zählt ja sowieso nicht. Warum soll ich mich da anstrengen?"

---

12 Livonius, Uta: Intelligente LRS-Schüler – Leitfaden für Lehrer. Hamburg: AOL-Verlag 2014.

1. Legasthenie, LRS oder Rechtschreibschwäche?

Lassen Sie sich nicht zu sehr beunruhigen, auch wenn in den Zeugnissen steht, dass eine Legasthenie/LRS besteht und die Rechtschreibleistungen nicht berücksichtigt wurden. Bisher hat sich noch niemand mit einem Zeugnis der 5., 6., 7. oder 8. Klasse für einen Ausbildungs- oder Studienplatz beworben. Wenn Ihr Kind jetzt gezielt an seiner Rechtschreibung arbeitet, gibt es für die relevanten Zeugnisse wahrscheinlich keinen Bedarf, derartige Bemerkungen hineinzuschreiben. Die Entscheidung, ob eine Abweichung von der Leistungsbewertung erfolgen kann, liegt beim jeweiligen Ministerium und/oder der Schule. Wenn Sie, bzw. Ihr volljähriges Kind, nicht möchten, dass Abweichungen von der Leistungsbewertung gewährt und damit zwangsläufig auch dokumentiert werden, wird das berücksichtigt.

In den unteren Klassen empfiehlt es sich aber auf jeden Fall, diese Erleichterungen in Anspruch zu nehmen, damit gute Leistungen zu guten Noten führen und nicht wegen der Rechtschreibung das Gefühl entsteht, es hätte sowieso keinen Sinn, sich zu bemühen.

Wenn in den höheren Klassen ein Nachteilsausgleich gewährt wird, was letztlich, trotz der Empfehlungen und Erlasse im Ermessen der Schule liegt, wird das nicht im Zeugnis vermerkt. Wer dadurch wirklich Nachteile ausgleicht (und die richtige Schule im richtigen Land besucht), kann unter Umständen sogar beim Abitur mehr Zeit bekommen. Im Abiturzeugnis wird nichts davon stehen. Bislang wurden Abweichungen von der Leistungsbewertung nur bis zur 10. Klasse gewährt. Seit Juni 2013 können in Schleswig-Holstein auch in der Oberstufe und bei der Abiturprüfung die Rechtschreibleistungen zurückhaltend gewichtet werden.[13] Wer davon Gebrauch machen möchte, muss sich aber im Klaren darüber sein, dass dann im Abiturzeugnis steht: „Die Rechtschreibleistungen entsprechen nicht den Anforderungen; sie sind in den Fachnoten zurückhaltend gewichtet." Wie wichtig das Abiturzeugnis für die weitere berufliche Laufbahn ist und wie negativ dieser Vermerk sich auswirken kann, sollten Sie nicht unterschätzen.

Da dieses Bundesland einen umfassenden Nachteilsausgleich in der Oberstufe gewährt, sollten LRS-Schüler vorzugsweise anstreben, ihre Noten durch gezieltes Rechtschreibtraining und Nutzung der Ausgleichsmaßnahmen zu verbessern.

---

13 Erlass Schleswig-Holstein (siehe Linktipps).

Viel wichtiger als Diagnose, Rechte und Schulnoten ist aber Ihr Kind! Sie schaffen es gemeinsam, seine Probleme zu lösen. Vertrauen und Geduld sind die beste Grundlage, um aus der mehr oder weniger verzweifelten Lage der angeblich hoffnungslos schlechten Rechtschreibung zu entkommen. Versuchen Sie, Ihr Kind zu verstehen. Eine Stunde eines vertrauensvollen Gesprächs über seine Ängste, Sorgen und Wünsche bringt alle viel weiter als eine Stunde Diktatüben. Vielleicht finden Sie einen Einstieg dazu über die Gedanken und Gefühle anderer Betroffener.

1.5. Kindergefühle

Was bedeutet LRS? Was ist das Schlimmste daran? Diese Fragen beantworten meine Schüler in der ersten Unterrichtsstunde.

Ich zeige eine Auswahl davon (siehe folgende Aufzählung) auch bei Elternabenden und Vorträgen. „War das mein Kind?", fragen die Eltern, denn sie kennen nur z. T. die Nöte ihrer Kinder. Dennoch erscheint das, was diese schreiben, vollkommen verständlich. Sie sind zwischen 10 und 15 Jahre alt, sie haben Träume und Ängste, aber nicht die vorausschauende Vernunft der Erwachsenen.

Diesen Kindern ist nicht damit geholfen, dass Experten Erklärungen suchen. Sie brauchen jetzt sofort konkrete Hilfe, damit die Spirale in den Abgrund aufhört. Nicht richtig schreiben zu können ist schrecklich. Die anderen können es oder scheinen zu wissen, wie man mit mehr Übung besser werden kann. Nur die betroffenen Kinder wissen es nicht. Sie wissen nur, dass sie nicht wissen, wie es geht und dass stundenlanges Üben überhaupt nichts nützt – vielleicht, um die Mutter zu beruhigen, aber nicht, um die Noten zu verbessern. Und sie wissen auch nicht, was sie dagegen tun können.

Die Diagnose Legasthenie/LRS bedeutet für solche Schüler der 5. bis 10. Klasse, dass ihre Rechtschreibleistung nicht gewertet wird. Das gilt aber, wie gesagt, nicht überall. Zusätzlich beschäftigen sich jetzt die Eltern gezielt mit der Problematik, sodass eine Mischung aus Verständnis und gut gemeinter Hilfe die Kinder oft überfordert.

Worum geht es eigentlich? Um die Beschreibung von Legasthenie oder LRS oder um die betroffenen Kinder? Sie bewegen eher solche Gedanken und Gefühle:

Das Schlimmste an LRS ist:
- *Das man einen 50 % Schongse hat (das heist das man das richtige denkt und sich für das falsche entscheided)*
- *Das ich mir häufich nicht sicher bin wenn ich schreibe*
- *Ich mag das nicht wen ich in der öffentlich was falz schreibe*
- *Das ich dauernt was Falschschreibe*
- *Das Klassenkammerraden lachen*
- *Das mann gehähnselt wird*
- *Das ich des wegwn geärgrt werde*
- *Die lachenden Mitschüler*
- *Das ich angst habe andere könten darüber lachen*
- *Diktarte schreiben*
- *Übungs Ticktate*
- *Das ich immer auf einen Schmir Zettel schreiben soll*
- *Das ich immer sehr viel üben muss*
- *Ich muss dauernt üben!!!*
- *Das ich immer so viel nachdenken muss wenn ich nicht genau weis wie das Wort geschrieben wird*
- *Das ich nicht so viel selber velervrei schreiben kann*
- *Das ich nicht gerne schreibe und es anderen zeigen muss*
- *Es ist mir peinlich wenn ich etwas schreibe und meine Mittschuler dass lessen!*
- *Ich schreibe Brife und meine Mutter muss sie immer Lesen und fehler raussuchen*
- *Erger von den Eltern*
- *Mekernde Eltern*
- *Immer die Verbeserrung Meiner mama*
- *Die roten Striche in meinen Heften*
- *Schlechte Noten*
- *Schlechtes Gewissen*
- *Schlechteres Zeugnis*
- *Abgeschoben zu sein*
- *Das ich nie normal sein werde*

1.6. Warum LRS-Schüler Rechtschreibung lernen können

Lesen und schreiben kann niemand von Geburt an, beides muss erlernt werden.
Eine LRS **entsteht** durch Probleme **beim Erlernen** des Lesens und/oder der Rechtschreibung.
Die Gründe für die Probleme beim Erlernen des Lesens und/oder der Rechtschreibung können unterschiedlicher Art sein.
Eine LRS ist also niemals angeboren.
Die Veranlagung, eine LRS zu entwickeln, kann aber schon vor dem Grundschulalter bestehen.
Das **Erlernen** des Lesens und der Rechtschreibung kann **auch zu einem späteren Zeitpunkt**, nicht nur im Alter zwischen 5 und 10 Jahren, erfolgen.

Daraus folgt:
Wenn die Probleme beim Erlernen überwunden sind, sei es durch Änderungen beim Lernenden, der äußeren Gegebenheiten, der Lernmethoden oder einer Kombination dieser Faktoren, dann können diese Menschen das Lesen und Rechtschreiben erlernen und die LRS von früher vergessen oder sie zumindest vermindern.
Eine LRS kann aber nicht von alleine verschwinden. Die Hoffnung, dass es irgendwann einfach „klick!" macht, ist nicht berechtigt.

2. Erkennen Sie Ihr Kind? – Wo LRS-Kinder auffallen

In diesem Kapitel erfahren Sie,
- wodurch LRS-Schüler auffallen,
- wie Probleme beim Lesen entstehen können,
- wie Probleme beim Rechtschreiben entstehen können,
- warum es schwer ist, die Schwierigkeiten intelligenter LRS-Schüler zu erkennen,
- warum das Verstehen nötig ist, um zu helfen,
- welche Strategien LRS-Schüler entwickeln, um Problemen auszuweichen,
- warum Hobbys wichtig sind und
- wie Verhaltensauffälligkeiten entstehen.

Es gibt keine zwei LRS-Kinder mit absolut gleichen Auffälligkeiten, selbst bei eineiigen Zwillingen nicht. Kinder mit LRS nehmen vieles anders wahr und verarbeiten diese Informationen anders als normale Schüler. Dadurch entstehen Probleme und Verhaltensmuster, die oft von den Mitmenschen nicht verstanden werden. Die folgende Zusammenstellung ist sicher nicht vollständig, gibt aber einen Eindruck, wie komplex die Auswirkungen sein können:

Auffälligkeiten beim Lesen
- Beim Lesenlernen werden ähnliche Buchstabenformen verwechselt: d–b–p–q, a–e, u–n, W–M, N–Z, r–n–m, L–F–E, I–J–l, f–t.
- Silben werden nicht erkannt; dadurch ist es besonders schwer, längere Wörter zu lesen.
- langsames, stockendes Lesen mit Selbstkorrektur
- Lesen ohne Betonung
- sinnentstellendes Lesen: Kamele leben in der Wüste. – Kamele leben auf der Wiese.

- Sinnerfassung fehlt, da der Lesevorgang zu viel Aufmerksamkeit erfordert.
- Sinnerfassung fehlt, obwohl der Text flüssig gelesen wird.

Kinder mit diesen Problemen drücken sich vor dem Lesen, wenn es irgendwie möglich ist.

Auffälligkeiten beim Schreiben

- Verwechslung gleich oder ähnlich klingender Laute: o–u, i–ü–y, ä–e, s–z
- Auslassen oder Hinzufügen von Buchstaben
- Vertauschen von Buchstaben: „Knio" statt „Kino"
- lautgetreues Schreiben: „doidsch" statt „deutsch"
- keine Unterscheidung kurzer und langer Laute: „kam" oder „Kamm", „in" oder „ihn"
- Kein automatisiertes Schreiben, über jedes Wort wird nachgedacht: Auch Wörter wie „und", „die", „sie" werden auswendig gelernt.
- Wörter werden bewusst gebildet, oft nach (falschen) eigenen Regeln: „herrein" (ich höre her-rein).
- falsche Zeichensetzung, weil die Sprachmelodie fehlt
- fehlerhafte Groß- und Kleinschreibung
- schlechte Schrift

Auffälligkeiten bei Mathematik

- falsches Abschreiben
- Auslassen, Übersehen, Verdrehen von Ziffern oder Zeichen
- Verwechseln ähnlich aussehender Ziffern: 1–7, 6–9, 5–3–2
- Verwechseln der Bedeutung der Rechenzeichen
- Vertauschen der Reihenfolge von Ziffern: „69" statt „96"
- keine Vorstellung von Größenordnungen
- Probleme beim Umrechnen von Einheiten
- ungenaues Lesen, z. B. „Quader" statt „Quadrat"
- ungenaues Lesen von Textaufgaben
- Vergessen oder Übersehen von Teilaufgaben

Auffälligkeiten bei Raumlage, Reihenfolge, Zeit

- Verwechseln von: „oben/unten", „hinten/vorne", „rechts/links"
- Verwechseln der Linien bei Musiknoten

- Vertauschen der Reihenfolge, z. B. bei Telefonnummern
- kein Wiedererkennen von Formen, z. B. Länder oder Flüsse
- Folgen werden als Ganzes gelernt und können nur so abgerufen werden: Abc, Wochentage, Monate, 1x1, unregelmäßige Verben usw. (Wird also z. B. nach dem Vorgänger von W gefragt, beginnt das Kind bei A.)
- Probleme mit dem Zeitbewusstsein (Uhrzeit, Wochentag usw.)

Auffälligkeiten bei Sachfächern
- Sachtexte werden nicht sinnerfassend gelesen.
- unsaubere bis chaotische Heftführung

Auffälligkeiten bei Fremdsprachen[14]
Die unter „Englisch" beschriebenen Schwierigkeiten können alle Sprachen betreffen. Große Probleme bereiten oft auch das sinnerfassende Lesen und das fehlerfreie Abschreiben.

Englisch
- Aussprache unklar: „food" oder „foot", „fog" oder „fork"
- lautgetreues Schreiben: „it" statt „eat"
- Verwechseln gleich oder ähnlich klingender Wörter: „two" oder „too" oder „to", „bag" oder „back", „there" oder „their" oder „they're"
- falsches Übertragen erlernter Regeln, z. B.: langes i schreibt man ee wie in „to see": „mee" statt „me", „dreem" statt „dream", „peeple" statt „people"
- Unregelmäßige Verben werden als Ganzes gelernt, können aber nicht übertragen oder im Text erkannt werden.
- Verwirrung durch unbekannte Wörter führt zur Blockade.

Französisch
Hauptschwierigkeiten durch:
- Akzente
- stumme Endungen
- Geschlecht der Substantive

---

14 Vgl. Was tun bei Legasthenie in der Sekundarstufe?, S. 147 ff.

Latein
Hauptschwierigkeiten durch:
- ungenaues Lesen
- Verwechseln ähnlicher Vokabeln

Spanisch
Spanisch ist die Fremdsprache, die LRS-Schülern erfahrungsgemäß am wenigsten Extraschwierigkeiten bereitet.[15] Das liegt wohl daran, dass Spanisch im Vergleich zu anderen alphabetischen Schriftsprachen sehr lauttreu ist.

Erkennen Sie Ihr Kind? Einiges war vielleicht bis zur 2. Klasse so, einiges entwickelt sich erst jetzt. Vieles trifft gar nicht zu, jedes Kind hat sein eigenes Muster.
Gymnasiasten, bei denen der Verdacht auf LRS erst ab der 5. Klasse entsteht, haben die Grundschule gut absolviert. Sie haben Lieblingsfächer und andere, die sie nicht so mögen. Jetzt sind sie wegen ihrer schlechten Rechtschreibung aufgefallen. Um aus dem Rechtschreib-Teufelskreis herauszuhelfen, ist es notwendig zu verstehen, wie Ihr Kind hineingeraten ist.

2.1. So genial kann Lesen sein

Wer gar nicht lesen kann, fällt schon vor der 5. Klasse so sehr auf, dass die Eltern informiert werden. Kein Kind, das nicht lesen kann, wird auf das Gymnasium oder die Realschule versetzt. Es gibt aber viele, die nicht lesen wollen. Der Grund ist meistens, dass diese Kinder Angst haben, sich zu blamieren. Sie wissen, dass sie keine guten Vorleser sind, aber zum Verstehen von Anweisungen und kurzen vorgegebenen Texten reicht es schon.
Um das Vorlesen zu vermeiden, gibt es viele, z. T. unbewusst verwendete, Taktiken, die Lehrer aus dem Unterricht besser kennen als Eltern.

---

15 Vgl. Was tun bei Legasthenie in der Sekundarstufe?, S. 147.

2. Erkennen Sie Ihr Kind? – Wo LRS-Kinder auffallen

Vermeidungsstrategien beim Vorlesen
- einen Hustenanfall bekommen (So kann man unmöglich lesen!)
- etwas fallen lassen und suchen (Wer unter dem Tisch herumkrabbelt, kann nicht lesen und so viel Geduld zu warten, bis man wieder richtig sitzt, hat der Lehrer hoffentlich nicht.)
- fast anfangen zu weinen (Das verschreckt den Lehrer.)
- gerade jetzt ganz wichtig etwas anderes tun (Das gibt Ärger, ist aber besser als vorlesen müssen.)
- zerstreut sein und nicht wissen, wo man im Buch gerade ist (Das gibt auch Ärger, ist aber auch besser als vorlesen müssen.)
- beim Lesen nicht mehr atmen (Das erzeugt schnell Mitleid.)

Wie die Probleme beim Lesen entstehen können, verdeutlicht das Beispiel von q, p, b und d. Losgelöst vom Papier, also sozusagen als Gegenstände, gibt es nicht den geringsten Unterschied. Es ist immer der gleiche Buchstabe, nur aus verschiedenen Perspektiven betrachtet. Ein Auto von rechts oder links angeschaut ist doch schließlich immer noch ein Auto, oder?
Die Leistung eines Sechs- oder Siebenjährigen, der das so sieht, ist doch großartig. Später nennt man das bedeutungsvoll „Transferleistung" und „räumliches Vorstellungsvermögen". Leider behindert es aber das Lesenlernen, ohne dass jemand es bemerkt. Es sei denn, dieses Phänomen ist ihm vertraut.
Lesetexte, deren Inhalt es kennt, kann ein solch kleines Genie anhand von Hilfsstrukturen trotzdem nachlesen:
   Japas Kiup kauu lasau laruau.
Hier gehe ich nur davon aus, dass q, p, b und d nicht unterschieden werden können, genau wie e und a sowie u und n.
   Jedes Kind kann lesen lernen.
   Japas Kiup kauu lasau laruau.
Ist das Kind, das diese Leseleistung vollbringt, nicht genial? Wenn man wüsste, warum es sich mit ungeübten Texten so schwertut, könnte man mit Moosgummi- oder Knetbuchstaben geduldig die Unterschiede zwischen den Buchstaben erarbeiten. Stattdessen heißt es: „Ihr Kind muss mehr lesen üben." Wir bekommen ja schon beim Gedanken daran Kopfschmerzen.

Versuchen Sie es doch auch einmal mit diesen Texten, notfalls bitten Sie Ihr Kind um Hilfe.

Wir können doch alles lesen:

Tlol! Wnen die estern und Izteetn Bstchauebn an der rhcitgien Sletle sehten, knan man aells vstreheen. Das ist agmlleein bnnkeat.

Its es nchti kmcshio, dsas Sei dsenei Txte sgrao lenes knnnöe, ohwlbo dei Rngefloehei dre Bbauhtncse jztte kttlpome dreichundnare its?

S0G4R W3NN 24HL3N D13 8UCH5T483N T31LW3153 3R53T23N, KÖNN3N 513 L353N. D45 WU55T3N 513 V13LL31CHT N0CH G4R N1CHT.

Rchtschrbng nrvt. Wnn mn sch drn gwhnt ht, knn mn d Vkl nfch wglssn nd rknnt trtzdm jds Wrt. Wr flßg lrnt, wrd bld prfkt schrbn.

Wosu? Farhaden Sei mirr, wrumm ale woln, daas mann riechich shriept, opwlo ieda fastäd waz re leißt?

Noch Fragen?

Da Lesen und Schreiben miteinander zusammenhängen, möchte ich Ihnen zwei Tipps zum Lesen für Schüler der Sekundarstufe geben:
Lassen Sie Ihr Kind in der Bibliothek Comics, Bücher oder Zeitschriften leihen. Der Druck, etwas zu lesen, weil es geschenkt oder gekauft wurde, verdirbt leicht die Neugier und Freude. Geliehene Bücher kann man einfach zurückbringen und etwas Lustigeres oder Spannenderes aussuchen.
Lesen Sie lange Texte vor, die Ihr Kind für die Hausaufgaben braucht, wenn es nicht gut sinnerfassend lesen kann. Ob es einen Text versteht, erfahren Sie einfach durch Nachfragen. Verbringt ein Schüler die Zeit vor seinem Buch nur mit dem Aneinanderreihen von Buchstaben und Wörtern, ohne dass er den Inhalt versteht, verliert er bald den Anschluss in Schulfächern, die ihm eigentlich liegen.

> Die Gefahr, auch in Sachfächern „ohne Grund" plötzlich schlechter zu werden, ist gerade für Kinder, die nur mühsam sinnerfassend lesen können, enorm.

Die Gefahr, auch in Sachfächern „ohne Grund" plötzlich schlechter zu werden, ist gerade für Kinder, die nur mühsam sinnerfassend lesen können, enorm. Auch die Zeit, einen Abschnitt aus dem Biologiebuch vorzulesen und gemeinsam zu besprechen, ist gut genutzt, besser als für ein Übungsdiktat. Und ist es nicht toll, wenn sich die Eltern auch für etwas anderes als Deutsch interessieren?

2.2. Ursprung der Rechtschreibprobleme

Mit den Lesebeispielen haben Sie schon eine Idee von den Anfängen von LRS bekommen.
Wo beginnt es? Kinder kommen meistens mit sechs Jahren und in der Regel einigermaßen neugierig in die Schule. Eltern und Lehrer sind daran interessiert, dass sie mit Freude lesen und schreiben lernen. Die Voraussetzungen scheinen zu stimmen. Aber irgendwo passen der individuelle Entwicklungsstand und das Lernangebot nicht mehr zusammen.[16] Hier einige Beispiele dazu:

- *„Igel": Ist man dumm, wenn man lange überlegt, warum die beiden Striche unterschiedliche Laute darstellen?*
- *Was soll der Unterschied zwischen u und n sein?*
- *„Oma" und „Otter": Wieso soll ein rundes O lang sein und das andere runde O kurz?*
- *Warum gilt plötzlich die Regel „Schreibe, wie du sprichst" nicht mehr? Bisher wurde man doch dafür gelobt.*

> Das Kind verliert den Anschluss.

Solche und ähnliche Situationen führen dazu, dass ein Kind den Anschluss verliert. Vielleicht denkt es zu lange über diese Fragen nach und

---

[16] Vgl. LRS – Legasthenie in den Klassen 1–10. Handbuch der Lese-Rechtschreib-Schwierigkeiten. Band 2, S. 191.

verpasst, was darauf aufbauend erklärt wird. Vielleicht versteht es aber auch gar nicht, wie die anderen Unterschiede finden, wo doch alles gleich ist.

- Dann kann man also dieses Gebilde mit den Strichen vorn und hinten als Symbol für ein kleines Stacheltier lernen.
- Man wundert sich, warum für ein und dasselbe Zeichen immer verschiedene „Namen" genannt werden und versucht, sich alle einzuprägen, um sie bei Bedarf zu verwenden. (Das mag beim Lesen gehen, beim Schreiben aber nicht.)
- Für die O-Länge wartet man einfach, was die anderen sagen, so wichtig wird es schon nicht sein, O ist O.
- Wenn es bisher gut war, so zu schreiben, wie man spricht oder denkt, werden es die Lehrer doch wohl auch weiterhin verstehen.

Schwierigkeiten beim Lesen und Rechtschreiben entstehen nämlich nicht nur durch Entwicklungsrückstände oder zu hohe Anforderungen, sondern auch durch Missverständnisse beim Erwerb von Lese- und Schreibstrategien.[17] Irgendetwas läuft schief. Die anderen sind sich in vielem einig, ohne dass es einen logischen Grund dafür zu geben scheint. Wer merkt, dass er offensichtlich weniger kann als die Klassenkameraden, gibt das ungern zu. Also werden Möglichkeiten entwickelt, um dies zu verbergen. Das geschieht im Wesentlichen unbewusst. In der Grundschule kommt man ziemlich gut damit zurecht. Geübte Diktate erfordern zwar, dass man ganz viel auswendig lernen muss, oft gleicht es eher einem Nachmalen, aber meistens schafft man es bis zum nächsten Tag, sich alles einigermaßen zu merken.

> Schwierigkeiten entstehen auch durch Missverständnisse.

Was sollen Punkte oder Striche unter kurzen und langen Os, die doch alle gleich aussehen, nämlich rund? Also raten, abwarten, was die anderen machen, zweideutige Zeichen malen, auf Hilfe bei den Hausaufgaben hoffen, vermeiden, als Erster vorlesen zu müssen und was es sonst noch an (unbewussten) Taktiken gibt. Irgendwann, bei vielen Kindern erst in der 5. oder 6. Klasse oder noch später, geht nichts mehr. Alle Strategien, um die Schwächen zu kompensieren, brechen zusammen, weil alles eben doch

> Irgendwann brechen alle Strategien zusammen.

---

17 Vgl. LRS – Legasthenie in den Klassen 1–10. Handbuch der Lese-Rechtschreib-Schwierigkeiten. Band 1, S. 37.

viel komplexer ist. Plötzlich spielt es in Mathematik eine Rolle, ob q oder p berechnet werden soll (ist doch das Gleiche). Die Diktate werden nicht mehr geübt und was man sich in der 3. Klasse von heute auf morgen gemerkt hatte, kann man doch jetzt nicht mehr wissen. Gutes Zuhören im Sachunterricht reicht für gute Noten nicht mehr aus, weil man so viel lesen muss. Das strengt an und merken kann man sich das auch nicht.

Es ist sinnlos, überhaupt etwas zu tun, wenn man noch nicht einmal weiß, wo der Fehler liegt. Üben, üben, üben. Das beruhigt für den Moment die Eltern, bringt vielleicht kurzfristig auch Erfolg, aber Verstehen ist etwas anderes. Und wer nichts mehr versteht, will mit all dem nichts mehr zu tun haben. „Wenn ich sowieso eine 6 bekomme, spiele ich lieber Fußball, statt zu üben." – Wen wundert das?

2.3. Es geht auch anders – Wer versteht, kann helfen

Vorausgesetzt, Sie können ahnen, dass Ihr Gegenüber ein Problem hat, könnten Sie ihm helfen? Wie? Hier zwei Beispiele:

Beispiel 1:
Emil sitzt vor seinen Deutschhausaufgaben. Er geht in die 2. Klasse. Es ist ein Lückentext, eigentlich kennt er so etwas, aber hier steht über dem Text: „Ergänze!" Ratlos schaut er auf das Papier, kaut auf seinem Bleistift, zerbröselt ein bisschen von seinem Radiergummi ... Schließlich kommt die Mutter und fragt, warum er immer noch nicht fertig ist. Schulterzucken.

Beispiel 2:
Eine Reihe von sieben farbigen Perlen auf einer Schnur soll im gleichen Muster weitergeführt werden. Die Perlen, gleich groß und rund, liegen in einer Schale vor den Kindern. Alle machen es perfekt, nur Peer nicht. Der bekommt dafür auch eine schlechte Note und zusätzlich meint seine Lehrerin, dass er sich unverschämt verhält.

Was war da los? Vorgegeben war: rot, rot, grün, grün, rot, rot, grün ... Das ist doch wirklich einfach! Und was hat dann Peer gemacht? rot, rot, rot, grün, rot, grün, rot, grün, rot.

So verstehen wir die Schwierigkeiten:
Lösung zu Beispiel 1:
„Weißt du, was ‚Ergänze' bedeutet?" Schulterzucken. „Du sollst in die Lücken reinschreiben, was da fehlt." „Ach so." Fünf Minuten später spielt Emil nach erledigten Hausaufgaben im Garten.

Lösung zu Beispiel 2:
Unverschämt dieses Kind: Er kann es doch; letztes Mal, als eine Folge weitergeführt werden sollte, war Peer so gut wie alle anderen: eckig, rund, rund, eckig, rund, rund, eckig, rund, rund, eckig, rund, rund, eckig, rund ...
Ja, das ist für jemanden, der rot-grün-blind ist, auch viel einfacher.

Die Beispiele zeigen, dass es geht. Keiner muss als unfähig oder unverschämt angesehen werden, wenn er selbst oder jemand anders sein Problem erkennt und ihm ein anderer Weg zur Lösung angeboten wird. Das Wichtigste ist dabei, das Problem zu verstehen. Wie hier beispielhaft gezeigt:

1. die Bedeutung eines Wortes nicht wissen oder
2. die Farben nicht unterscheiden können.

Ein betroffenes Kind lässt sich einreden, es wäre zu blöd oder es drückt sich vor der Herausforderung.

Wer nicht weiß, woher seine Probleme kommen, oder sich nicht traut, darüber zu sprechen, lässt sich entweder einreden, er wäre zu blöd oder er drückt sich vor der Herausforderung. Wer ein Lösungsangebot erhält, nimmt es aber meistens gern an.
Emil hoffte auf „Rettung" durch seine Mutter, Peer nahm die Demütigung hin, er ist ja daran gewöhnt, dass er bei solchen Aufgaben nicht gut ist. Ab jetzt traut er sich aber hoffentlich, in ähnlichen Situationen zu sagen, dass er die Farben nicht unterscheiden kann. Normalerweise wird jeder gern darauf Rücksicht nehmen.

> Schüler mit Rechtschreibproblemen wissen nicht, warum sie Fehler machen und vor allem nicht, was sie dagegen tun können.

Ganz ähnlich geht es Schülern mit Rechtschreibproblemen. Sie wissen nicht, warum sie Fehler machen und vor allem nicht, was sie dagegen tun können. Da ist es doch verständlich, dass ein Kind Vermeidungsstrategien benutzt, um der ungeliebten Situation irgendwie zu entkommen.

2.4. Hoffentlich merkt das keiner – Vermeidungsstrategien

> Kinder wollen nicht auffallen, nicht ausgelacht und nicht beschimpft werden, keine schlechten Noten bekommen.

Was tun Kinder, deren Probleme nicht erkannt werden? Sie wollen möglichst nicht auffallen, nicht ausgelacht und nicht beschimpft werden, keine schlechten Noten bekommen.

Die meisten meiner Schüler sind sehr charmant, ich würde sagen, überdurchschnittlich viele sind überdurchschnittlich aufgeschlossen, fröhlich und liebenswert. Wie kommt das? Sind Probleme in der Rechtschreibung mit diesen Eigenschaften gekoppelt? Vermutlich ist das Versprühen von Charme eine (unbewusste) Strategie zum Durchkommen in der Schule, obwohl man einiges nicht kann. Solange die Mitschüler und Lehrer einen mögen, nehmen sie auch ein bisschen mehr Rücksicht.

Im Unterricht beeindrucken mich meine Schüler immer wieder durch verblüffende Strategien, um bei Problemen auszuweichen. Ich kenne inzwischen einige, vermute aber, viele Experten habe ich einfach noch nicht durchschaut. Ich unterrichte hauptsächlich Fünft- bis Zehntklässler. Wer also seit der 2. Klasse mit Vermeidungsstrategien arbeitet, ist nahezu perfekt und täuscht Eltern und Lehrer oft. Bemerkenswert ist, dass ein Kind häufig gar nicht weiß, dass es ausweicht, während seine Strategien von anderen als Teil seiner persönlichen Macken angesehen werden.

Wenn es um das Vorlesen geht, würden viele am liebsten unsichtbar werden, aber auch mit ihren Taktiken schaffen sie es meistens einigermaßen, der Blamage zu entgehen. Doch sollte es einmal nicht funktionieren, muss man sich neben den Vorwürfen des Lehrers auch den Spott der Mitschüler anhören, wie schrecklich!

Bei der Rechtschreibung ist es schwieriger auszuweichen. Die sicherste Methode ist natürlich, so wenig wie möglich zu schreiben. Wer wenig schreibt, macht wenige Fehler. Dann ist die Berichtigung oder Abschrift nicht so lang. Es ist traurig, wenn ein Kind, das fantasievolle Geschichten zu erzählen hat, sie aus Angst vor Rechtschreibfehlern nicht aufschreibt. So wird seine Begabung nicht weiter gefördert, sondern geht leider oft verloren.

Eine andere Methode ist die unlesbare Schrift. In der Hoffnung, dem Lehrer würden die Fehler so nicht auffallen, da man die Buchstaben sowieso kaum unterscheiden kann, werden mehrdeutige Zeichen gemacht. Mit mehr Vertrauen in die eigene Rechtschreibung wird daher häufig auch die Schrift besser. Viele Kinder mit Rechtschreibproblemen haben aber eine wunderbare Handschrift. Man kann sie dafür immer nur loben.

2.5. Hobbys sind wertvoll

Lassen Sie Ihrem Kind Zeit für sein Hobby!

Kinder mit LRS versuchen, ihre Schwächen zu kompensieren. Jeder möchte und braucht Anerkennung und wenn es über die schulischen Leistungen nicht gelingt, dann wenigstens irgendwo anders. Ideal sind dafür Sport und Musik, aber auch jedes andere Hobby. Hier ist man Könner, Sieger, wichtig für die Mannschaft. Man darf zeigen, was man kann und man kann es auch. Das ist gut, damit verkraftet ein Kind Rückschläge und Blamagen in der Schule viel besser. Wer in der Fußballmannschaft, dem Orchester oder in der Theatergruppe gebraucht wird, wird nicht verspottet. Lassen Sie Ihrem Kind deshalb Zeit für sein Hobby, denn mangelndes Selbstbewusstsein kann zu Reaktionen und Verhaltensauffälligkeiten führen, die viel schlimmer sind als Fünfen im Diktat. Viele meiner Schüler sind sehr gute Sportler oder spielen ein Musikinstrument. Ich freue mich besonders über Schlagzeuger, oft ausgerechnet diejenigen, die sich angeblich gar nicht konzentrieren können.

2.6. Suche nach Anerkennung – Verhaltensauffälligkeiten

Wer es nicht schafft, für seine Leistungen bewundert zu werden, sucht sich andere Wege. Er kann z. B. mutiger sein als andere und wird so zum Klassenkasper, der sich all das traut, was die anderen auch gern einmal täten. Oder man verschwindet in seine eigene Traumwelt, in der man beliebt und erfolgreich ist. Das sind nur zwei Beispiele, der Störenfried und das Träumerchen. Beides sind Reaktionen auf die verzweifelte Lage, den Anforderungen nicht zu genügen, aber Anerkennung bekommen zu wollen.

> Reaktionen auf die verzweifelte Lage, den Anforderungen nicht zu genügen, aber Anerkennung bekommen zu wollen

Die Bandbreite ist groß:
- verträumt, schusselig, vergesslich, zerstreut
- gelangweilt, faul, unorganisiert, chaotisch
- zappelig, ungeduldig, unaufmerksam

Dies sind nur einige Eigenschaften, mit denen LRS-Schüler immer wieder auffallen.

Niemand will dumm sein, schlecht sein, kritisiert oder ausgelacht werden. Eine „Rettung" ist für viele die Pubertät. Jetzt gibt es eine allgemein akzeptierte Ausrede: Kinder sind in dieser Phase eben aufsässig, faul und unverständig. Für einen Jugendlichen, der jahrelang sein Nichtkönnen recht gut vertuschen konnte, ist das eine Erlösung. Er kann einfach „normal" sein, so wie andere in dem Alter auch. Woher das „Versagen" kommt, geht keinen etwas an. Andere sind schließlich z. B. so cool, dass sie überhaupt nicht lernen. Wer gute Noten bekommt, ist ein Streber. Wer will das schon?

Natürlich ist es nicht leicht, die Grenze zwischen Persönlichkeit und Verhaltensauffälligkeit zu ziehen. Schließlich sind nicht alle Schüler gleich. Wenn sich aber Ihr Kind verändert, fällt es Ihnen und den Lehrern vermutlich auf. Die Veränderung kann sich z. B. so äußern[18]:
- Verunsicherung, Ängste
- Minderwertigkeitskomplexe, Selbstverurteilungen
- Resignation, Depression
- stiller werden, Träumerei

---

[18] Vgl. LRS – Legasthenie in den Klassen 1–10. Handbuch der Lese-Rechtschreib-Schwierigkeiten. Band 2, S. 189.

- Konzentrationsmangel, Unaufmerksamkeit
- fehlende Motivation, Müdigkeit, Unlust
- Abwehrhaltung, Rückzugsverhalten, Arbeitsverweigerung
- Trotz, konfliktbelastetes Üben
- Leistungsversagen in allen Fächern
- Unruhe, Nervosität, Hektik
- Klassenkasper
- Klagen über Lehrkräfte, Klagen über Ungerechtigkeiten
- wenig Frustrationstoleranz
- Impulsivität, Aggression
- psychosomatische Störungen wie Kopfschmerzen, Bauchschmerzen, Tics, Fieber, Schlafstörungen u. a., besonders an Tagen, an denen Klassenarbeiten geschrieben werden

Viele dieser Verhaltensauffälligkeiten lösen sich mit dem Weg aus dem Rechtschreib-Teufelskreis ebenfalls. Aber auch hier brauchen die Kinder Unterstützung, idealerweise von Eltern und Lehrern.

Ein schönes Beispiel ist ein Mädchen, das still und schüchtern in der 5. Klasse in meinen Unterricht kam. Nach einigen Monaten bemerkte ihr Deutschlehrer, dass sie die Rechtschreibregeln, die er gerade durchnahm, ganz klar und einfach erklären konnte. Er ließ sie „Teile des Unterrichts übernehmen". Sie wurde selbstbewusst und fröhlich, ist eine Schülerin, die sich in der 7. Klasse über eine 3 ärgert, manchmal ein bisschen zu viel redet und wahnsinnig gerne liest.

Ihr Kind ist liebenswert und intelligent und steckt, wenn auch möglicherweise unerkannt, in einem Rechtschreib-Teufelskreis, aus dem es keinen Ausweg sieht. Und auch den Teufelskreis sieht es vermutlich nicht, nur „diese blöde Rechtschreibung, die man weder verstehen kann noch jemals brauchen wird".

3. LRS-Management

In diesem Kapitel erfahren Sie,
- wie Sie gute Lernvoraussetzungen für Ihr Kind schaffen,
- wie Ihr Kind fit fürs Lernen wird,
- wie Ihr Kind mithilfe von Listen und Plänen selbstständiger und sicherer wird,
- welche Vereinbarungen Sie mit den Lehrern treffen können,
- warum LRS-Schüler oft schlechte Noten bekommen, obwohl sie eigentlich (fast) alles wissen,
- wie LRS-Schüler in Tests und Klassenarbeiten beweisen können, dass sie gut gelernt haben und
- wie Sie sich auf Lehrergespräche vorbereiten können.

Wer versteht, was und wie Kinder mit LRS wahrnehmen und empfinden, kann diese Andersartigkeit leichter akzeptieren, Hilfe anbieten und/oder gemeinsam mit dem Kind nach alternativen Wegen zur Problemlösung suchen. So schwer es häufig für Lehrer ist, LRS-Schüler angemessen zu berücksichtigen, so sehr Eltern unter der Problematik leiden: Am stärksten betroffen sind die Kinder.

3.1. Zu Hause alles klar – Voraussetzung für den Erfolg

Gleichen Sie Nachteile bei der Lernsituation Ihres Kindes zu Hause aus.

Wie im Beschluss der Kultusministerkonferenz von „Nachteilsausgleich" gesprochen wird, so können auch Sie zu Hause Nachteile bei der Lernsituation Ihres Kindes ausgleichen. Das bedeutet, unnötige zusätzliche Belastungen zu vermeiden. Diese Maßnahmen stoßen bei den Kindern zwar nicht immer alle auf Begeisterung, helfen aber oft. Die folgende Liste gibt Anregungen, ist jedoch sicher nicht vollständig und sollte entsprechend verändert und ergänzt werden.

Voraussetzungen für gutes Lernen

	o.k.	besser wäre
Tagesablauf		
Schlafzeiten		
Ruhephasen		
Bewegung		
Freizeit		
Sport, Musik o. Ä.		
Ernährung		
Gesundheit		
Schulalltag		
Klassenzimmer		
Sitzplatz		
Ruhe		
Pausenbeschäftigung		
Essen, Trinken		
Hausaufgaben		
Zeit		
Ruhe		
Hilfe		
Nachhilfe/Förderung		
Zimmer, Arbeitsplatz		
Licht		
Ordnung		
Computer		
Handy		
MP3, Musik, andere Medien		
Menschen		
Familie		
Freunde		
Lehrer		

3. LRS-Management

Wichtig: Überlegen Sie unbedingt gemeinsam mit Ihrem Kind, wie Ihre Liste aussehen soll!

Beispiel: Voraussetzung für gutes Lernen

	o.k.	besser wäre
Tagesablauf		
Schlafzeiten	ja	
Ruhephasen		30 Minuten Mittagsruhe nach dem Essen (lesen, Musik hören)
Bewegung		vor und zwischen Hausaufgaben jeweils 5 bis 10 Minuten draußen toben oder kinesiologische Übungen
Ernährung		genügend Wasser trinken, Obst als Zwischenmahlzeit
Gesundheit	ja	

Eigentlich ist es klar: Wer genügend schläft, sich gesund ernährt und an der frischen Luft bewegt, ist fit, auch fürs Lernen. Wer vor lauter Chaos seine Sachen nicht finden kann oder keinen Platz für sein Heft hat, ist im Nachteil. Wer eine spannende Geschichte hört, während er versucht, Vokabeln zu lernen, braucht länger. Wer andauernd per Telefon oder SMS erreichbar ist, hat wenig Ruhe. Wer sich ärgert oder traurig ist, kann sich nicht gut konzentrieren. Wer sich krank fühlt, schafft weniger.

Legen Sie mit Ihrem Kind einen Zeitrahmen fest, für den die Vereinbarungen erst einmal gelten. Das kann beispielsweise ein Monat sein oder bis zu den Ferien. Stellen Sie danach gemeinsam fest, welche dieser Änderungen genützt haben und welche so nicht sinnvoll waren. Überarbeiten Sie die Liste entsprechend. Für eine Phase, in der Ihr Kind und Sie (vielleicht müssen Sie sich beim Einkaufen, Aufräumen oder Helfen ändern) sich diszipliniert an die Abmachungen halten, haben Sie eine Belohnung verdient. Vielleicht unternehmen Sie gemeinsam etwas.

3.2. Fit fürs Lernen

„In einem gesunden Körper wohnt ein gesunder Geist." Mit relativ geringem Aufwand lassen sich gute Voraussetzungen dafür schaffen.

Sehen und Hören

Jedes Kind mit Schwierigkeiten beim Lesen und/oder Schreiben sollte unbedingt von einem Augen- und einem Ohrenarzt untersucht werden. Sprechen Sie den Arzt gezielt deswegen an, denn auch Werte im Normbereich können für ein Kind mit LRS zusätzliche Beeinträchtigungen bedeuten. Beobachten Sie Ihr Kind: Ermüdet es schnell beim Lesen? Hält es den Kopf schief, um besser zu hören? Berichten Sie den Ärzten davon.

Dazu nur ein Beispiel: Kann ein Kind mehrsilbige Wörter nicht klar hören, ist es ihm auch unmöglich, allein über das Hören Vokabeln zu lernen. Testen sie das mit vier einfachen Silben wie „TuRaLiSo". Wer das nicht so deutlich verstehen kann, dass ihm das Nachsprechen gelingt, wird sich auch Wörter wie „necessary" nicht ohne zu lesen einprägen können. Solche Beeinträchtigungen können Sie beim Üben berücksichtigen, also in diesem Fall alles auch schreiben und lesen lassen. Auch die Lehrer sollten natürlich über Probleme beim Sehen und/oder Hören informiert werden.

Bewegung

Es gibt gute Möglichkeiten, um die Aufnahmebereitschaft und Konzentration zu fördern sowie Lernblockaden zu lösen. Gerade Überkreuzbewegungen eignen sich für kurze Pausen bei den Hausaufgaben. Wer beispielsweise Probleme hat, die eigene Körpermittellinie zu kreuzen, tut sich oft schwer, sobald beim Lesen oder Schreiben Augen- oder Handbewegungen von links nach rechts gefordert sind. Nutzen Sie Lernpausen, um mit Ihrem Kind zu turnen. Es lohnt sich. Die einfachste Überkreuzbewegung ist das Krabbeln. Grundsätzlich werden ein Arm und das gegenüberliegende Bein gleichzeitig bewegt.

Beispiele:

Linker Ellenbogen berührt rechtes Knie – rechter Ellenbogen berührt linkes Knie – linker Ellenbogen berührt rechtes Knie – ...
Linke Hand berührt rechten Fuß – rechte Hand berührt linken Fuß – linke Hand berührt rechten Fuß – ...

Linker Arm und rechtes Bein werden nach außen gestreckt – rechter Arm und linkes Bein werden nach außen gestreckt – ...
Mit Musik macht es richtig Spaß und beide Gehirnhälften sind fit fürs Lernen. Viele nützliche Übungen dazu finden Sie in Büchern zu Kinesiologie oder Brain-Gym®. Buchempfehlungen erhalten Sie in den Literaturhinweisen.
Die Life Kinetik®, ein „Gehirntraining durch Bewegung", bietet anspruchsvolle Übungen, die immer wieder erweitert werden können (siehe Kapitel 6.1.2.).

Auch Trampolinspringen, einen Boxsack „bearbeiten", Herumtoben oder irgendeinen Sport treiben sind wunderbare Möglichkeiten, um anschließend mit freiem Kopf und neuer Energie am Schreibtisch zu arbeiten.

Ernährung
Die Leistungsfähigkeit des Gehirns wird durch eine gesunde Ernährung gefördert. Es lohnt sich, einmal auszuprobieren, wie sich nicht nur Ihr „Problemkind", sondern die ganze Familie mit einer ausgewogenen Kost fühlt. Suchen Sie sich ein Buch, das Ihren Bedürfnissen und Wünschen gut entspricht. Eine ausreichende Versorgung mit den richtigen Nährstoffen zur richtigen Zeit hilft, den ganzen Tag über fit zu bleiben. Gerade für Schulkinder sind ein gutes Frühstück und ein Pausenbrot zum Durchhalten wichtig. Das bedeutet natürlich auch, dass genügend Zeit zum Frühstücken bleiben muss und dass Ihr Kind etwas für die Pausen mitnehmen sollte, das es gern isst.

3.3. Ordnung bringt Sicherheit

Vielen Kindern hilft Ordnung. Zu dem Wissen, viele Fehler zu machen, und der Angst, sich zu blamieren, kommt oft die Sorge, etwas zu vergessen. Sowohl der Chaot als auch der Träumer sind nicht unbedingt gut organisiert, abgesehen davon, dass sie häufig die Zeit falsch einschätzen und daher gehetzt sind. Überspielt werden diese Schwächen mit Lässigkeit, Desinteresse oder Bequemlichkeit. „Wenn ich nicht alles dabei habe, leih ich es mir eben." „Ist doch egal, wann ich komme, so spannend ist das wirklich nicht." „Kannst du mir Bescheid sagen, wann ich los muss?" Da helfen Pläne, Listen, rechtzeitiges Aufstehen und viel Geduld.

Wochenplan

Einen Überblick über fest eingeplante Stunden bietet ein Wochenplan. Im Beispiel erkennen Sie, wie wenig freie Zeit einem Schüler tatsächlich zur Verfügung steht. Wenn Sie mit Ihrem Kind gemeinsam seinen Plan erstellen, werden Sie sehen, dass es fast immer mehr als einen Acht-Stunden-Tag hat. Seien Sie daher realistisch in der Planung zusätzlicher Lerneinheiten.

Musterwochenplan

Zeit	Montag	Dienstag	Mittwoch	Donnerstag	Freitag
7:00–8:00	zur Schule	zur Schule	zur Schule	zur Schule	zur Schule
–9:00	Schule	Schule	Schule	Schule	Schule
–10:00	Schule	Schule	Schule	Schule	Schule
–11:00	Schule	Schule	Schule	Schule	Schule
–12:00	Schule	Schule	Schule	Schule	Schule
–13:00	Schule	Schule	Schule	Schule	Schule
–14:00	Schule	Schule	Schule	Schule	Heimweg Essen
–15:00	Heimweg Essen	Heimweg Essen	Heimweg Essen	Heimweg Essen	Klavier üben
–16:00	Hausaufgaben	Hausaufgaben	Hausaufgaben	Hausaufgaben	Hausaufgaben
–17:00	Handball	Klavierunterricht	Lernen	Tennis	Freizeit
–18:00	Handball	Freizeit	Klavier üben	Heimweg Klavier üben	Freizeit
–19:00	Heimweg Essen	Freizeit Essen	Freizeit Essen	Freizeit Essen	Freizeit Essen
–20:00	Lernen	Lernen	Freizeit	Lernen	Freizeit
–21:00	Ruhe	Ruhe	Ruhe	Ruhe	Ruhe

3. LRS-Management

Schulranzen packen

Der Schulranzen sollte immer am Abend anhand des Stundenplans gepackt werden. Farben helfen wunderbar, das Material der einzelnen Fächer zu unterscheiden. Jedes Fach bekommt eine eigene Farbe. Oft geben die Lehrkräfte vor, welche Farben die Hefte in ihrem Fach haben sollen. Das können Sie auf alle Bücher (soweit die Schule das zulässt mit farbiger Klarsichtfolie oder farbigem Papier einschlagen) und andere Materialien für das Fach ausweiten. So muss Ihr Kind nicht immer die Etiketten auf den Heften lesen, um alles zu finden.

Beschriften Sie für jedes Fach eine Karteikarte. Die Karten für die jeweiligen Fächer werden dann anhand des Stundenplans herausgesucht, um jeden Tag zu überprüfen, ob alles gepackt ist.

Erstellen Sie alternativ mit Ihrem Kind gemeinsam einen Plan, in dem Sie die Materialien für die einzelnen Fächer auflisten. So kann Ihr Kind selbstständig packen, ohne Angst zu haben, etwas zu vergessen.

Musterstundenplan

Montag	Dienstag	Mittwoch	Donnerstag	Freitag
Deutsch (rot)	Englisch (grün)	Latein (lila)	Mathe (blau)	Englisch (grün)
Deutsch (rot)	Mathe (blau)	Englisch (grün)	Mathe (blau)	Mathe (blau)
Religion (gelb)	Biologie (orange)	Englisch (grün)	Erdkunde (braun)	Deutsch (rot)
Englisch (grün)	Biologie (orange)	Religion (gelb)	Deutsch (rot)	Physik (schwarz)
Latein (lila)	Deutsch (rot)	Mathe (blau)	Musik (weiß)	Biologie (orange)
Kunst (türkis)	Physik (schwarz)	Sport	Musik (weiß)	Erdkunde (braun)
Kunst (türkis)	Physik (schwarz)	Sport	Latein (lila)	

Karteikarten:

Immer: Federtasche, Hausaufgabenheft, Pausenbrot

Deutsch (rot): Lesebuch, Sprachbuch, Arbeitsheft, Heft

Religion (gelb): Buch, Heft

Englisch (grün): Buch, Grammatik, Arbeitsheft, Heft, Vokabelheft

Latein (lila): Buch, Grammatik, Heft, Vokalbelheft

Kunst (türkis): Tuschkasten, Pinsel

Mathe (blau): Buch, Heft, Geodreieck, Zirkel, Taschenrechner

Biologie (orange): Buch, Hefter

Physik (schwarz): Buch, Hefter, Taschenrechner

Sport: Trikot, Sporthose, Socken, Sportschuhe, Handtuch, Duschgel

Erdkunde (braun): Buch, Hefter

Musik (weiß): Buch, Notenheft, Hefter, Flöte

Packstundenplan:

Montag:
Immer: Federtasche, Hausaufgabenheft, Pausenbrot
Deutsch (rot): Lesebuch, Sprachbuch, Arbeitsheft, Heft
Religion (gelb): Buch, Heft
Englisch (grün): Buch, Grammatik, Arbeitsheft, Heft, Vokabelheft
Latein (lila): Buch, Grammatik, Heft, Vokalbelheft
Kunst (türkis): Tuschkasten, Pinsel

usw.

Eine Packliste für jede Sportstunde oder andere Veranstaltung hat den gleichen Effekt.

Hausaufgabenheft
Im Hausaufgabenheft sollte für jeden Tag schon der Stundenplan eingetragen sein. So muss Ihr Kind nur die Aufgabe beim jeweiligen Fach notieren. Das erspart ihm Zeit und hilft dabei, den Überblick zu behalten.

Pinnwand
Einige Kinder mögen es gern, nach der Schule alle zu erledigenden Aufgaben auf Zettel zu schreiben und an einer Pinnwand aufzuhängen. Dazu gehören nicht nur die einzelnen Hausaufgaben, sondern auch Tennistraining, Klavierüben, Tischdecken und Ähnliches. Die Zettel können in einer entspannten Phase, z. B. beim Musikhören, geschrieben werden. Im Laufe des Nachmittags werden sie abgearbeitet. Was erledigt ist, wandert in den Papierkorb. Als letzter Zettel kann dann gern noch etwas Nettes („Toll, alles geschafft!") übrig bleiben.

3.4. Absprachen mit Lehrern – Im Team gelingt es

Bevor Sie zu einem Lehrergespräch gehen, können Sie anhand der folgenden Liste eigene Fragen und Wünsche zusammenstellen. Ihr Kind hat Probleme und muss unterstützt werden. Viele der hier genannten Maßnahmen sind absolut unproblematisch in der Schule umzusetzen. Andere erfordern

Einfühlungsvermögen, Mehraufwand oder lösen vielleicht sogar Widerstände bei Kollegen oder anderen Eltern aus. Haben Sie also Geduld und Verständnis für die Lehrerseite.

Sitzplatz

Ein geeigneter Sitzplatz sollte so gewählt werden, dass das Kind gut sieht, also frontal zur Tafel und möglichst vorn. Besonders das Abschreiben von der Tafel bereitet einem Kind mit LRS oft Schwierigkeiten. Es ist gut, wenn es dazu den Kopf nur heben und nicht zusätzlich drehen muss.

Viele Kinder mit LRS haben erhebliche Aufmerksamkeitsprobleme. Daher müssen sie im Unterricht gut hören können, ohne abgelenkt zu werden. Ein Fensterplatz ist dafür eher ungeeignet. Hat Ihr Kind ein Ohr, auf dem es besser hört, sollte es mit dem „schlechten" Ohr zur Wand sitzen. Ob das machbar ist, hängt natürlich auch vom Klassenraum ab.

Ihr Kind soll sich vor allem aber wohlfühlen, also neben einem Freund sitzen und nicht als isolierter Problemfall.

Einer meiner Schüler, sehr klein gewachsen, konnte auf seinem Platz kaum über die Tischkante gucken. Seine Schrift war schlecht und er hat das Geschriebene nie kontrolliert. Das ging auch gar nicht, da er es nicht richtig sehen konnte. In einem solchen Fall wirkt ein Sitzkissen manchmal Wunder.

Vorlesen, an die Tafel schreiben

Schlimm ist für Kinder mit LRS die Angst vor einer Blamage. Sprechen Sie mit den Lehrern darüber, wie Vorlesen, Schreiben an die Tafel und Ähnliches geregelt werden können und berichten Sie Ihrem Kind davon, damit es sich darauf einstellen kann. Vielleicht bittet ein Lehrer darum, erinnert zu werden, dass Ihr Kind nicht vorlesen muss, falls er einmal nicht daran denkt. Lehrer und Schüler können auch vereinbaren, welcher Abschnitt in der nächsten Unterrichtsstunde vorgelesen werden soll. Ihr Kind kann dann in Ruhe zu Hause, eventuell mit vergrößerter Kopie und Markierungen, das Lesen genau dieses Textes üben. Wenn es sich darauf verlassen kann, wirklich mit diesem Abschnitt dranzukommen, muss es keine Angst haben und keine Vermeidungstaktik anwenden. Trotzdem wird es nicht (wesentlich) anders behandelt als die Klassenkameraden. Dass LRS-Schüler oft nicht gut vorlesen können, wissen die Mitschüler. In einer guten Klassengemeinschaft werden alle Verständnis für solche Regelungen haben. Sollte auch ein anderes

Kind sich beim Lesen sehr schwertun, werden vielleicht Schüler und Lehrer gemeinsam beschließen, dass dieses auch eine Unterstützung erhält. Ganz ähnlich können Lehrer und Schüler vereinbaren, dass der Schüler niemals an die Tafel zu schreiben braucht, wenn er sich nicht meldet. Dazu gehört aber, dass er sich immer wieder so gut vorbereitet, dass er sich freiwillig meldet.

Möchte ein Lehrer keine Extraregelungen für LRS-Schüler, bestärken Sie Ihr Kind darin, dass es auch damit fertig wird.

Heftführung

Verständnisvolle Lehrer werden bei der Heftführung Rücksicht nehmen. Es geht nicht darum, dass Ihr Kind einen Freischein für schlampiges Arbeiten bekommen soll, aber ein Kind, das ohnehin sehr lange für alle Aufgaben braucht, kann nicht zu Hause auch noch alle geschmierten Mitschriften aus dem Unterricht sauber übertragen. Wie ein Heft geführt werden muss, hängt natürlich vom Fach und vom Lehrer ab. Denkbar als Erleichterung sind Mappen oder Ringbücher, sodass einzelne Seiten problemlos ausgetauscht werden können, wenn sie zu schlimm geraten sind. Vielleicht darf der Text auch auf dem Computer geschrieben und ausgedruckt werden. Wer das Zehnfingersystem beherrscht, schafft das für ein paar Projekte, sonst sind hilfsbereite Eltern gefragt, die nach Diktat tippen. Zur Regel darf es aber nicht werden, grundsätzlich alles doppelt schreiben zu müssen.

Hausaufgaben

Genau wie über die Heftführung können sich Lehrer und Eltern auch zur Regelung anderer Aspekte der Hausaufgaben absprechen. Wo kann eingespart werden? Schließlich braucht Ihr Kind fast für jedes Schulfach mehr Zeit als die Mitschüler und auch mehr, als die Lehrer erwarten. Bei über 30 Schulstunden pro Woche bleibt vor lauter Hausaufgaben und Nacharbeiten kaum Freizeit, die als Ausgleich so wichtig wäre.

Möglich wäre es, auf Fleißaufgaben, die viel Zeit in Anspruch nehmen, zu verzichten oder sie zeitlich zu begrenzen. Je nach Begabung kann das z. B. sein, dass von einem Gedicht nur die erste Strophe gelernt werden muss. Es gibt aber auch LRS-Kinder, die sehr schnell auswendig lernen; für sie ist eine solche Regelung nicht sinnvoll. Sie können die Mühen Ihres Kindes zu Hause am besten beurteilen.

Wenn die Lehrer einverstanden sind, dass Ihre Unterschrift genügt, falls die Hausaufgaben nicht vollständig geschafft wurden, braucht Ihr Kind weder die Nacht durchzuarbeiten noch Angst zu haben, mit unvollständigen Aufgaben erwischt zu werden.

Beschützen Sie Ihr Kind, vertreten Sie Ihre Meinung, aber vergessen Sie nicht die Position der Lehrer, auch gegenüber den anderen Schülern und deren Eltern. Ihr Kind soll natürlich möglichst selbstständig seinen Schulalltag meistern. Es ist in dem Alter ohnehin oft peinlich, wenn sich Eltern ständig einmischen. Auch die Lehrer wollen sich nicht wegen jeder Kleinigkeit mit Ihnen auseinandersetzen. Ihr Kind braucht das Gefühl, dass es mit allen Sorgen zu Ihnen kommen kann, dass Sie im Hintergrund immer da sind und im Notfall auch mit den Lehrern sprechen werden.

3.5. Tests und Klassenarbeiten

LRS-Schüler benötigen meistens mehr Zeit zum Lernen als ihre Klassenkameraden. Haben sie besondere Schwierigkeiten beim Lesen, brauchen sie auch sehr viel länger, um Fragen zu lesen, Problemstellungen zu erfassen, Informationen aus Texten zu entnehmen und zu verarbeiten, bis sie sich überhaupt mit der Lösung beschäftigen können. Auch für das Aufschreiben der Ergebnisse brauchen sie normalerweise mehr Zeit.[19] Daher ist die Empfehlung, Schülern mit LRS in Klassenarbeiten und Tests zusätzlich Zeit einzuräumen, sinnvoll.

Wie alle anderen Kinder würden sie gern zeigen, dass sie fleißig waren und etwas gelernt haben.

> Eltern haben oft die Sorge, dass ihr Kind die Aufgabenstellung falsch versteht.

Zu dem Wissen, viele Fehler zu machen, und der Angst, sich zu blamieren, kommt oft die Sorge, etwas zu vergessen oder nicht fertig zu werden. Sie haben, berechtigterweise, vielleicht eher die Sorge, dass Ihr Kind die Aufgabenstellung falsch versteht.

---

19 Vgl. Was tun bei Legasthenie in der Sekundarstufe?, S. 280.

3. LRS-Management

Typische Aussagen nach Arbeiten hören sich so an:
- *Eigentlich konnte ich alles, aber irgendwie konnte ich mich dann an nichts erinnern.*
- *Eigentlich konnte ich alles, aber die Fragen waren so komisch.*
- *Heute war es richtig gut, ich war als Erster fertig.*
- *Ich habe alles gewusst.*

Leider erfreuen auch die beiden letzten Aussagen erfahrene Eltern nicht. Da wurde offensichtlich etwas falsch verstanden, sonst wäre ihr Kind nicht das schnellste gewesen. Und „alles gewusst" heißt leider noch lange nicht „die Fragen richtig beantwortet".

Um die Arbeitsweise meiner neuen Schüler kennenzulernen, mache ich unter anderem diesen Abc-Test:

Schreibe die gesuchten Buchstaben in die Kästchen:	
Nachfolger von Q	☐
Vorgänger von F	☐
Nachfolger von H	☐
Vorgänger von W	☐
Vorgänger von B	☐
Nachfolger von K	☐
Nachfolger von J	☐
Schreibe die Buchstaben aus den Kästchen von unten nach oben auf. Das Lösungswort heißt:	
__ __ __ __ __ __ __	

Was man da alles falsch machen kann, obwohl man alles weiß, nämlich das Abc kennt:
1. Nachfolger und Vorgänger verwechseln: I J C X G G P
2. Nicht beachten (lesen), dass die Buchstaben von unten nach oben gelesen das Lösungswort ergeben: REIVALK
3. Beides: PGGXCJI

Natürlich bekäme ein Schüler für diesen Test, wenn er benotet würde, in allen drei Fällen eine Sechs, denn es sollte KLAVIER dort stehen.

47

Nur: Es bedeutet nicht, dass der Schüler das Abc nicht kann. Deswegen ist er ja auch so verzweifelt. Wie soll er beweisen, dass er etwas kann, wenn er in den Tests und Arbeiten immer nur schlechte Noten bekommt? Hier ist das System gut zu erkennen, daher könnte man immerhin noch nachvollziehen, was das Kind sich gedacht hat. Oft überfordern LRS-Schüler aber selbst den tolerantesten Lehrer, der beim besten Willen keinen Zusammenhang zwischen Frage und Antwort erkennen kann.

Beobachten und notfalls stoppen

Über die Schulter schauen, um festzustellen, ob die Aufgabe richtig bearbeitet wird

Die allerbeste Hilfe wäre, wenn der Lehrer Ihrem Kind ab und zu über die Schulter schauen würde. So kann unnötiger Frust vermieden werden, wenn das Kind voller Eifer etwas Falsches macht, ohne es zu merken.
Wenn der Lehrer erkennt, dass das Kind die Frage richtig bearbeitet, auch wenn es vielleicht Fehler dabei macht (sonst wäre es den anderen gegenüber ungerecht), ist alles gut. Wenn ein LRS-Schüler allerdings scheinbar ohne Sinn und Verstand eine Aufgabe bearbeitet, heißt das nicht, dass er keinen Verstand hat, sondern eher, dass das, was er gerade tut, keinen Sinn macht. Sie kennen solche Situationen wahrscheinlich von den Hausaufgaben. Hier sollte der Lehrer den Schüler stoppen, die Aufgabenstellung nochmals lesen lassen und notfalls weitere Hinweise geben. Das ist wirklich ein Nachteilsausgleich.

Im Laufe der Zeit wird Ihr Kind mit immer mehr Selbstvertrauen und Sicherheit die Aufgaben verstehen und bearbeiten. Üben Sie das immer wieder

Nicht das Wissen fehlt, sondern die Möglichkeit, es zu präsentieren.

auch zu Hause. Meistens fehlt ja nicht unbedingt das Wissen, sondern die Möglichkeit, es zu präsentieren.
Je häufiger aber ein Kind daran scheitert, Leistungen zu zeigen, wenn es etwas eigentlich kann, desto frustrierter und unsicherer wird es.

Schüler mögen es im Allgemeinen nicht, wenn man ihnen über die Schulter schaut. Wenn es allerdings vorher vereinbart wurde und Ihr Kind merkt, dass auch der Lehrer glaubt, dass es etwas kann und ihm helfen will, es zu zeigen, wird es sich nicht dagegen wehren.

Übersichtliche Arbeitsanweisungen

Alles, was Chaos im Kopf auslösen kann, sollte so gut wie möglich vermieden werden. Gut sind daher kurze, klare, übersichtliche Arbeitsanweisungen, groß und maschinengeschrieben.

Lücken, die wesentlich größer oder kleiner sind als das, was eingesetzt werden soll, verunsichern leicht so sehr, dass auch die einfachsten Dinge nicht mehr aufgeschrieben werden. („Das passt nicht rein, das kann nicht stimmen.")

Gerade in Mathematik kommt es oft vor, dass in einer Aufgabe viele Teilaufgaben gefordert werden. Eine Gliederung in Unterpunkte, die jeweils nur einen Aspekt enthalten, ermöglicht es den Schülern, Erledigtes abzuhaken, ohne etwas zu übersehen.

Arbeitsanweisungen besprechen

Unbekannte Wörter, besonders (aber nicht nur) in den Fremdsprachen, führen leicht zu totalen Blockaden. Ein Schüler, der die Grammatik für die Klassenarbeit sehr gut gelernt hatte, saß verzweifelt davor und tat gar nichts. In der Anweisung stand „Fill in ‚the' where necessary." „Necessary" hatte er noch nie gehört (oder wusste es nicht mehr). So blieb der Füller geschlossen, weil ein leidgewohntes LRS-Kind eben nicht auf die Idee kommt zu fragen. Daher sind deutsche Anweisungen oder das Besprechen der Aufgabenstellung hilfreich.

Gerade im Grammatikteil bei Fremdsprachen sind Beispielsätze gut geeignet, um den Schülern Sicherheit zu geben, dass die Aufgabe richtig verstanden wurde. Sie können dann ohne Angst ihr Wissen präsentieren. Gelernt haben müssen sie ja trotzdem.

Übungsarbeit

Eine andere Möglichkeit ist, die Aufgaben genau so formuliert und in der gleichen Reihenfolge zu stellen, wie in einer vorangehenden Übungsarbeit. Das motiviert dazu, wirklich gut zu lernen, weil man weiß, was man lernen soll und dass man das Gelernte auch wiedergeben kann. Ihr Kind sollte deutlich darüber informiert sein, sonst kehrt leider schnell die übliche Panik bei Klassenarbeiten ein, bei der nicht alles genau gelesen und verstanden wird.

Vokabeltests

Wenn ein Kind nicht beweisen kann, dass es gelernt hat, wird es bald gar nicht mehr lernen wollen. Leider passiert das oft bei Vokabeltests. Wer zu lange braucht, um das Gelernte aufzuschreiben, verpasst die folgenden Vokabeln, gerät in Panik und erhält, trotz seines Wissens, eine Fünf oder Sechs. Wenn man nichts lernt, bekommt man auch eine Sechs, hat allerdings mehr Freizeit. Das Wichtigste im Fremdsprachenunterricht sind aber die Vokabeln.

Einige LRS-Schüler haben mit der Rechtschreibung in Fremdsprachen überhaupt keine Probleme, wenn sie die englischen, französischen, spanischen oder lateinischen Wörter von Anfang an exakt lernen. Hier gibt es ja noch keine (also auch keine falschen) Regeln, auf die sie zurückgreifen könnten. Achten Sie auf das Vokabellernen, besonders wenn die Tests Schwierigkeiten bereiten. Fragen Sie die Vokabeln regelmäßig ab, machen Sie eigene Vokalbeltests. Sprechen Sie das mit den Fremdsprachenlehrern ab. Im Klassenverband wären Vokabeltests ideal, bei denen die deutschen Wörter schriftlich vorgegeben sind und genügend Zeit zum Überlegen bleibt. Wenn Ihr Kind die Vokabeln sicher kann, wird es auch beim mündlichen Abfragen seine Pluspunkte bekommen.

Klassengemeinschaft beachten

Diese Art, Aufgaben bei Tests und Klassenarbeiten zu stellen, kommt auch den Klassenkameraden zugute. Alle werden gleich behandelt, aber so haben auch die LRS-Schüler eine Chance.

Schüler mit LRS bekommen in vielen Bundesländern als Nachteilsausgleich mehr Zeit für ihre Klassenarbeiten oder dürfen Hilfsmittel benutzen. Manchmal muss man allerdings abwägen, ob eine Sonderbehandlung ihnen mehr Vor- oder Nachteile bringt. Das hängt von den Bedürfnissen des Kindes und der Situation in der Klassengemeinschaft ab.

Besprechen Sie mit dem Klassenlehrer und/oder den Fachlehrern, wie sie LRS-Schüler unterstützen. Wird in Ihren Augen zu wenig getan, machen Sie Ihren Standpunkt klar. Oft fehlt es nicht am Willen, sondern an Ideen oder Möglichkeiten, diese umzusetzen. Wenn Sie es für richtig halten, besprechen Sie beim Elternabend die Besonderheiten aller LRS-Schüler der Klasse und warum sie gelegentlich eine Extrabehandlung erfahren. Je nachdem, wie sehr Ihr Kind sich belastet fühlt, wenn die Eltern sich einmischen, kann es auch besser sein, sich weitgehend im Hintergrund zu halten. Für den Umgang der Schüler untereinander ist aber der Klassenlehrer zuständig.

Korrektur

Die Rechtschreibfehler werden natürlich von den Lehrern angestrichen, auch wenn sie die Gesamtnote nicht beeinflussen. Es ist allerdings viel weniger erschreckend, wenn dafür nicht Rot, sondern Schwarz oder Grün verwendet wird. So sieht der Schüler nicht auf den ersten Blick, dass die Arbeit eigentlich wieder eine Katastrophe ist, sondern konzentriert sich zuerst auf die Beurteilung der anderen Teilbereiche. Bitten Sie daher die Lehrer Ihres Kindes, bei der Korrektur der Arbeiten eine andere Farbe als Rot zu verwenden. Es heißt immer so schön: „Die Beurteilung sollte stets positiv sein." Davon kann man getrost abweichen, wenn ein Schüler offensichtlich nicht das gelernt hat, was er hätte lernen sollen und können. Ein Freifahrtschein für Faulheit darf LRS niemals sein.

Den Unterschied zwischen „nicht gelernt" und „falsch verstanden" erkennt man leider nicht unbedingt auf den ersten Blick, wie dieses Beispiel aus einer Deutscharbeit zeigt:

Aufgabe:

Schreibe alle Nomen heraus. (Der vorliegende Text war bis auf die Satzanfänge kleingeschrieben)
Schüler sieht:
Nomen schreiben.
Schüler denkt:
Aha, Nomen sind die großgeschriebenen Wörter, das weiß ich, zum Glück!
Schüler schreibt:
Immer, Wo, Was, Und, Dort, Jetzt, Im, Plötzlich, Er, Das, Weiter.
Schüler denkt:
Fertig, war ja einfach! Ich habe alles gekonnt. Wird bestimmt eine gute Note.
Lehrer schreibt unter die Aufgabe: „6! Du solltest die Nomen (Namenwörter) herausschreiben. Nächstes Mal besser lernen."
Die Mutter sagt: „Wir haben doch so geübt. Du weißt doch, was Nomen sind. Du konntest das doch so gut. Ich verstehe nicht, warum du es in der Arbeit nicht richtig machst."

Die Eltern verstehen ihr Kind nicht. Das Kind versteht nicht, was jetzt wieder falsch war und traut sich erst recht nicht mehr, das zu schreiben oder zu sagen, was es für richtig hält. Der Lehrer hat nur das Ergebnis gesehen. Woher soll er wissen, wie es dazu kam?

Berichtigung

> Treffen Sie Absprachen mit den Lehrern für eine sinnvolle Berichtigung.

Gerade für die Berichtigung von Klassenarbeiten lohnt es sich, individuelle Absprachen mit den Lehrern zu treffen. Bei Aufsätzen mit mehr als 50 Fehlern führt die Abneigung gegen die Berichtigung sonst bald dazu, dass die Texte sehr kurz werden. Eine Berichtigung, aus der Ihr Kind lernt, aber an der es nicht verzweifeln muss, könnte so aussehen wie in diesem Beispiel:

1. Nomen werden großgeschrieben:
   er hatte Angst
   du hast Glück gehabt
   nach langem Überlegen
   sah er mit Erstaunen
   ihr Suchen und Fragen
2. Alle Wörter außer Nomen (und Satzanfänge) werden kleingeschrieben:
   sie fand niemanden, ein zufriedener Mensch
3. Wörter mit stummem h:
   Bahn, lahm, prahlte, zahnlos
4. Konsonantenverdoppelung:
   schnell, bestellte, Vollmacht, rennt, Sonne
5. Die Konjunktion „dass":
   Zum ersten Mal sahen sie, dass er zufrieden war.
   Vermutlich lag es daran, dass er wieder gewonnen hatte.
6. Anderes:
   Widerwille, Gesandter, nämlich

3.6. Lehrergespräche

Information

Eigentlich ist es die Aufgabe der Schule, Sie über LRS zu informieren. Dazu gehören auch geeignete Lehr- und Lernmittel, Förder- und Unterstützungsmöglichkeiten. Nehmen Sie das in Anspruch, aber seien Sie kritisch. Sie kennen Ihr Kind und sein Umfeld und Sie sind über LRS informiert. Genau wie nicht alles aus diesem Buch für jeden Schüler passt, wird vielleicht auch nicht alles, was von Schulseite aus angeboten wird, für Ihr Kind vorteilhaft sein. Gerade, wenn es um Lehrmittel und Förderung geht, sollten Sie prüfen, ob diese Materialien und Methoden den Bedürfnissen Ihres Kindes entsprechen. Einige Schulen bieten selbst Förderunterricht an, andere verweisen auf Lerntherapeuten in der Umgebung, leider oft, ohne diese wirklich zu kennen.

Wichtig ist ein guter Austausch mit den Lehrern, nicht nur bei Elternsprechtagen. Besprechen Sie Fortschritte und Probleme, Stärken und Schwächen, Motivation und Ängste Ihres Kindes. Überlegen Sie gemeinsam sinnvolle Vorgehensweisen. Je besser Eltern und Lehrer sich abstimmen, desto effektiver kann das Kind unterstützt werden.

Im Regelfall werden alle Lehrer Ihres Kindes über seine LRS informiert. Scheuen Sie sich trotzdem nicht, einzelne Lehrer um ein Gespräch zu bitten, wenn Sie das Gefühl haben, dass es für Ihr Kind sinnvoll ist.

Sie erwarten, dass die Lehrer Ihr Kind verstehen und fördern, dass sie über LRS informiert sind und Sie gut beraten. Aber bedenken Sie, dass Ihr Kind nicht das einzige ist, dass Lehrer oft unter Zeitdruck stehen und normalerweise kaum über LRS informiert sind, besonders, wenn sie keine Sprachen unterrichten.

Bevor Sie zum Gespräch gehen, fragen Sie Ihr Kind, welche Wünsche, Schwierigkeiten und vor allem positiven Dinge Sie ansprechen sollen. Ergänzen Sie Ihre eigene Liste entsprechend.

Checkliste Lehrergespräch

Sitzplatz
- ❏ gut sehen (frontal zur Tafel, vorn)
- ❏ gut hören (vorn, eventuell an der Wand)
- ❏ wohlfühlen (neben Freunden)

- ❏ Absprachen (Vorlesen, Tafel, Abfragen)
- ❏ Vokabeln (mündlich, langsam)

Heftführung
- ❏ Mappe, Ringbuch, großes Heft
- ❏ computergeschrieben

Hausaufgaben
- ❏ Absprache mit Fachlehrern (Hilfen, Erleichterungen)
- ❏ Begrenzung der Hausaufgaben (Unterschrift genügt)

Klassenarbeiten, Tests
- ❏ beobachten, ob Aufgaben richtig verstanden werden, notfalls stoppen
- ❏ Aufgaben kurz und übersichtlich (Teilaufgaben)
- ❏ große Schrift, große Lücken
- ❏ Aufgaben vorlesen/besprechen
- ❏ Beispiele
- ❏ Aufbau wie Übungsarbeit (Wortlaut, Reihenfolge)
- ❏ zusätzliche Zeit
- ❏ Korrektur der Rechtschreibfehler in Schwarz oder Grün
- ❏ Beurteilung motivierend
- ❏ Berichtigung individuell

Fachlehrer
- ❏ Sind andere Fächer betroffen?
- ❏ Sind alle Lehrer informiert?
- ❏ Welche Lehrer sollten Sie speziell ansprechen?

4. Gekonnt lernen – Tipps für jeden Typ

In diesem Kapitel erfahren Sie,
- wie Ihr Kind seine Leseleistung verbessern kann,
- wie Sie Ihr Kind gezielt beim Lernen unterstützen können und
- worauf Sie bei Lernsoftware und Spielen achten sollten.

Mit Geduld und Fantasie werden Sie viele nützliche Dinge finden, die Ihrem Kind das Lernen erleichtern. Auch diese Aufstellung sollte nach den Bedürfnissen Ihres Kindes ergänzt und abgeändert werden, denn jeder hat seine individuellen Stärken und Schwächen. Nicht alles ist für jeden sinnvoll. Sie müssen also aus all den Vorschlägen das Geeignete heraussuchen und zusätzlich eigene Ideen entwickeln, denn Sie kennen Ihr Kind am besten. Natürlich muss jede Maßnahme nicht nur für Ihr Kind, sondern auch für sein Umfeld passen und ebenso Ihre Möglichkeiten berücksichtigen. Nicht jeder hat unbegrenzt Zeit, nicht jedem steht ein eigener ruhiger Arbeitsplatz zur Verfügung und erst recht kein Trampolin.

4.1. Lesen

Texte vergrößern
Wenn Ihrem Kind das Lesen Probleme bereitet, kopieren Sie die Texte gegebenenfalls vergrößert. Wer die Wörter nur schwer erkennt, plagt sich sehr mit Reclam-Heften oder anderem Kleingedruckten. Oft helfen auch ein Lesepfeil oder eine Lesefolie.

Lesefenster
Ein Lesefenster ist schnell gebastelt: Schneiden Sie aus einer Pappe ein Fenster heraus (ca. 7 cm lang und 8 mm hoch) und kleben Sie eine helle farbige Folie dahinter (z. B. von einer Aktenhülle). Oft mögen Kinder den starken Schwarz-Weiß-Kontrast nämlich nicht und finden ein helles Blau, Gelb, Grün oder Rot angenehmer.

Hilfsfolie

Eine durchsichtige Folie (Overheadfolie) wird auf den zu lesenden Text, z. B. im Buch, gelegt. Mit abwischbaren Stiften werden jetzt Silbenbogen, besondere Strukturen oder Betonungshilfen markiert, ohne im Buch zu schreiben. Ein auf diese Weise gekennzeichneter und geübter Text kann im Unterricht vorgelesen werden. Die Folie lässt sich abwischen und wieder verwenden.

Schrittweise lesen üben[21]

Wenn Ihr Kind große Schwierigkeiten beim Lesen hat, üben Sie mit dieser Methode und helfen ihm gegebenenfalls bei schwierigen Wörtern, indem Sie das erlesene (buchstabierte) Wort sagen.

1. Decke das, was du lesen willst, komplett mit einer Lesefolie oder Pappe ab. Verschiebe die Lesefolie Buchstabe für Buchstabe nach rechts. Lies den jeweils erscheinenden Buchstaben laut vor. Wenn das gesamte Wort sichtbar ist, sage es. Lies so 2 bis 3 Sätze. Es ist nicht wichtig, den Inhalt zu verstehen. Du lernst dabei im Wesentlichen, wie die Augen beim Lesen arbeiten.
   (Beispiel: l – e – s – e – n, lesen)
2. Decke das, was du lesen willst, komplett mit einer Lesefolie oder Pappe ab. Verschiebe die Lesefolie langsam nach rechts, bis das erste Wort zu sehen ist. Lies dieses Wort. Verschiebe dann die Folie, bis das nächste Wort sichtbar ist. Lies so 2 bis 3 Sätze. Auch hier ist der Inhalt nicht so wichtig. Wenn dir ein Wort schwierig erscheint, buchstabiere es mit der ersten Methode und lass dir notfalls helfen.
3. Wenn du mit diesen beiden Methoden gut zurechtkommst, verschiebe jetzt die Folie jeweils bis zum nächsten Satzzeichen (, . ! ? : ;) und sage erst dann, was dort geschrieben steht.

Wer so regelmäßig, jeden Tag, ein paar Sätze (immer mit 1. anfangen!) übt, wird bald viel sicherer lesen können.
Gut ist es, vorher immer ein paar Überkreuzbewegungen zu machen, damit die Augen leicht von links nach rechts wandern.

---

21 Vgl. Davis, Ronald D.: Legasthenie als Talentsignal, S. 332 ff.

Gemeinsames Lesen[22]

Ein Kind, das durch schwierige Wörter leicht den Faden verliert, gewinnt Sicherheit, wenn es mit Ihnen gemeinsam laut liest. Häufig führen z. B. unbekannte Namen dazu, dass ein Kind stockt, das Wort mühsam erliest und dann nicht mehr weiß, was es bis dahin gelesen hatte. Ihr Kind bestimmt die Geschwindigkeit. Falls es bei einem schwierigen Wort hängen bleibt, lesen Sie weiter, um den Lesefluss aufrechtzuerhalten. So können Sie das sinnerfassende Lesen üben, da einzelne Wörter, die beim alleinigen Lesen zur Unterbrechung geführt hätten, überbrückt werden. Der Inhalt steht bei dieser Methode im Vordergrund.

4.2. Visueller Lerntyp

Der visuelle Lerntyp merkt sich besonders gut, was er sieht. Daher profitiert er von gut strukturierten Unterlagen und farbigen Markierungen. Er sieht diese vor seinem inneren Auge und kann so Gelerntes abrufen. Wichtig ist für ihn die Unterstützung beim Herstellen seiner Vorlagen, denn sie sollten sehr ordentlich geschrieben, möglichst gedruckt sein, damit sich das richtige Schriftbild einprägen kann.

Große Hefte und Zeilenabstände

Für eine übersichtliche Heftführung sollten LRS-Schüler, die nicht von sich aus sauber arbeiten, in großen Heften mit großen Zeilenabständen bzw. großen Rechenkästchen schreiben. So ist es leichter, Selbstgeschriebenes zu lesen und besonders bei Mathematik durch ordentliche Struktur den Überblick zu behalten.

Farben (Textmarker und Fineliner)

Wer sich gut merkt, was er sieht, sollte viel mit Farben arbeiten. Sie dienen zum Markieren von Besonderheiten, grammatischen Strukturen, Regeln und Ähnlichem.

---

22 Vgl. LRS – Legasthenie in den Klassen 1–10. Handbuch der Lese-Rechtschreib-Schwierigkeiten. Band 2, S. 68.

Vokabelkarten

Wer Vokabeln auf Karteikarten schreibt, kann z. B. in Latein oder Französisch unterschiedlich farbige Karten für männliche, weibliche oder sächliche Nomen verwenden. So wird das Lernen des Geschlechts zusätzlich durch die Farbe unterstützt. Fertig gekaufte Vokabelkarten (wegen des strukturierten Schriftbildes zu empfehlen) können nachträglich farbig markiert werden.

Lernkartei/Lernbox[23]

Das Prinzip der Lernkartei mit 5 Fächern kennen Sie wahrscheinlich. Einige Kinder arbeiten gern damit, weil der Erfolg gut sichtbar ist, sobald die Karten ein Fach weiterwandern. Andere haben eine Abneigung dagegen, nicht nur, weil es mal wieder um das Üben geht. Karteikarten müssen grundsätzlich sehr ordentlich beschrieben sein, per Computer oder zumindest mit der sauberen Handschrift der Eltern. Fertige Vokabelkarten sind von unterschiedlichen Verlagen erhältlich. Es gibt auch Kartensets, die auf das jeweilige Lehrwerk abgestimmt sind (mehr dazu im Kapitel 6.2.3.).

Phase 6[24]

Phase 6 ist ein Computer-Lernprogramm, das das Prinzip der Lernkartei aufnimmt. Für viele Schulbücher sind die Vokabeln abrufbar und werden für jede Lektion ergänzt. Hier geht nichts verloren, aber Üben und Kontrollieren sind natürlich auch weiterhin gefordert.

Mindmaps, Lernposter

Auch mit Mindmaps oder Postern lernt der visuelle Lerntyp gut. Er verbindet Inhalte mit Farben, Strukturen oder Anordnungen und kann diese Bilder bei Bedarf „abrufen". Der Aufwand, das Material zu erstellen, lohnt sich für diese Kinder, denn schon dabei lernen sie. Gerade für Sachfächer eignet sich dieses Vorgehen häufig.

Tabellen

Logisch aufgebaute, möglichst farbige Tabellen helfen, übersichtlich und nachvollziehbar Zusammenhänge darzustellen und sie sich so zu merken.

---

23 AOL-5-Fächer-Lernbox, AOL-Verlag 2014.
24 Mehr dazu unter www.phase 6.de.

Ein Beispiel sind englische unregelmäßige Verben. Die Gruppen umfassen Verben, deren Formen jeweils nach dem gleichen Prinzip gebildet werden.

alle drei Formen gleich

cost	cost	cost	kosten
cut	cut	cut	schneiden
hit	hit	hit	schlagen, treffen

2. und 3. Form mit -ought

bring	brought	brought	herbringen
buy	bought	bought	kaufen
fight	fought	fought	kämpfen

1. Form mit -ay, 2. und 3. Form mit -aid

lay	laid	laid	legen
pay	paid	paid	bezahlen
say	said	said	sagen

Persönliche Kontrollkartei

Sachverhalte, Vokabeln oder einzelne Wörter, die immer wieder Probleme bereiten („Ich weiß, dass das irgendwie schwierig ist und dass ich es meistens falsch mache."), schreibt Ihr Kind sich in persönlichen Listen oder Karteien auf. Im Bedarfsfall schaut es dann schnell nach und wird einzelne persönliche Lernprobleme so allmählich abbauen können. Diese Listen oder Karteien sollen ganz individuell angelegt werden. Es kann ein Heft, eine Zettelsammlung, ein Karteikasten, eine Pinnwand oder Ähnliches sein. Wichtig ist, dass Ihr Kind seine eigenen Problemfälle notiert und sie bei Bedarf wiederfindet.

Kontrollliste

Eine Kontrollliste hilft, bestimmte Arbeitsabläufe zu unterstützen. Dazu gehören das Vorgehen bei den Hausaufgaben, das Packen der Schulsachen, das Anfertigen von Protokollen oder Aufsätzen und Ähnliches.

4.3. Auditiver Lerntyp

Wenn ein Kind sich gut merken kann, was es hört, und es ihm gelingt, in der Schule aufzupassen, weiß es genau, was im Unterricht besprochen wurde und kann es oft wörtlich wiedergeben.

Ruhe
Verboten sind für den auditiven Lerntyp Musik und vor allem Hörbücher während der Hausaufgaben. Er braucht wirklich Ruhe. Geschwister, die nebenan spielen, Fernsehen und Radio lenken ab, denn der auditive Lerntyp nimmt das Gehörte zu intensiv wahr.
Ein Schüler klagte darüber, dass er sich einfach keine Vokabeln merken könne, obwohl er immer so lange übe. Den Inhalt des Hörbuches, das er nebenher hörte, konnte er dagegen sehr wohl nacherzählen.

Vorlesen und Hörbücher
Ein Kind, das sich gut merkt, was es hört, hat Glück, wenn ihm jemand Sachtexte vorliest und sie mit ihm bespricht. Ihm helfen auch Hörbücher, wenn es um Inhalte geht. Trotzdem sollten Sie darauf achten, dass Ihr Kind liest.

Aufnehmen und Hören
Dank der guten Technik ist es relativ leicht möglich, Texte aufzunehmen und abzuhören. Wer wirklich am besten über das Hören lernt, sollte das für sich nutzen. So kann man Gedichte oder Vokabeln üben, aber auch Sachtexte (die vielleicht beim Vorlesen aufgenommen werden) mehrfach hören.

4.4. Motorischer Lerntyp

Viele Kinder brauchen Bewegung, um aufzupassen und zu lernen. Das stört normalerweise alle anderen. Versuchen Sie, diesen Bewegungsdrang gezielter zu lenken.

Bewegung

Bewegungen auf einem Sitzball oder -kissen sind weniger störend als das Kippeln mit einem Stuhl. Zusätzlich sitzt man gesünder. Zu Hause beim Lernen sorgt die leichte Bewegung einer Schaukel oder Hängematte dafür, dass das Kind nicht selbst „zappeln" muss, sondern sich entspannen kann. Verschiedene Übungen, die sich für Lernpausen besonders gut eignen, wurden in Kapitel 3.2. beschrieben.

Unruhige Hände

Viele Menschen, nicht nur LRS-Kinder, müssen ständig etwas mit ihren Händen machen. Sie sind mit einem Igelball, den sie allerdings immer festhalten müssen, also nicht rollen oder werfen dürfen, gut bedient. So kann man weder mit Kugelschreibern klicken noch Radiergummis zerbröseln. Den gleichen Effekt hat jeder andere Gegenstand, z. B. ein Stein, Knete, eine Kastanie, Holz- oder Plastikfigur oder Ähnliches. Wichtig ist, dass Ihr Kind etwas in der Hand hält und bewegen kann, ohne damit zu viel Unruhe um sich herum zu erzeugen. Zu Hause bei den Hausaufgaben ist das unproblematisch. Alles, was als Wurfgeschoss dienen oder für Ablenkung der Tischnachbarn sorgen kann, ist allerdings in der Schule nicht erlaubt.

Abwechslung

Ideal sind viele kleine, möglichst abwechslungsreiche Lerneinheiten mit Bewegungspausen. Ich kenne einen Basketballer, der ohne zu prellen „keine Vokabeln in seinen Kopf bekam". Warum also nicht Vokabeln lernen beim Trampolinspringen? Aber bitte nur, wenn das wirklich gelingt.

Experimente, Knete, Baukästen

Für Kinder, die am besten begreifen, indem sie etwas anfassen und ausprobieren, eignen sich Materialien wie Knete, Baukästen etc. zum Lernen. In unserem Schulsystem gelingt es selten, sie einzusetzen. Experimente in Physik, Chemie oder Biologie sind in diesen Fällen aber genau das Richtige, um begeistert zu arbeiten und zu erfahren, wie alles funktioniert. Ermutigen Sie Ihr Kind also gegebenenfalls, zu Hause zu experimentieren.

4.5. Lernsoftware und Spiele

Lernsoftware

Natürlich gibt es ein großes Angebot an Lernsoftware. Prüfen Sie genau, was zu Ihrem Kind passt. Jeder Versuch, der missglückt, ist ein Rückschlag, den niemand will. Lassen Sie also Ihr Kind nicht alles ausprobieren, was gerade angepriesen wird. Sie sollten das tun und ihm nur das anbieten, wovon Sie selbst überzeugt sind, dass Ihr Kind damit gut zurechtkommt. Dann kann das Lernen am Computer, das Sie allerdings ein wenig kontrollieren müssen, sogar Freude machen. Immer mehr Schulbücher werden zusätzlich mit Lernsoftware ausgestattet, die sehr hilfreich sein kann. Wenn aber Kind und Software nicht zusammenpassen, schadet es eher. Ein Vokabeltrainer, bei dem durch eine langsam kriechende Schnecke erklärt wird, ob die Lösung falsch oder richtig war, macht beispielsweise ein zügig arbeitendes Kind so nervös, dass kein großer Lernerfolg zu erwarten ist. Zu viele Farb- und Bewegungsreize stören Kinder, die eher klare ruhige Strukturen brauchen. So gibt es unzählige Beispiele, die ja nie für alle schlecht sind, aber eben auch nicht für jeden geeignet.

Spiele[25]

Pädagogisch wertvolle Spiele empfindet kaum ein LRS-Kind als etwas Spaßiges, womit es gern seine Freizeit verbringt. Wenn Ihr Kind aber gern Wort- und Buchstabenspiele spielt, unterstützen Sie das. Scrabble mit abgewandelten Regeln oder das Kartenspiel Express eignen sich dafür.
Es gibt andere Spiele, die nicht so offensichtlich zum Üben dienen. Sie fördern die visuelle Wahrnehmung, den Umgang mit Formen und Buchstaben oder das schnelle Denken und Handeln. Viele dieser Spiele machen wirklich Spaß, vor allem natürlich dem, der sie gut beherrscht. Es ist erstaunlich, wie deutlich hier die Unterschiede sind, wenn mehrere LRS-Schüler miteinander spielen.
Die visuellen Lerntypen sind oft hervorragend bei Memory®, Set oder Sambesi. Die auditiven mögen meist Spiele, bei denen schnell Wörter (z. B. mit bestimmten Anfangsbuchstaben) gefunden werden müssen, wie Denk Fix, 1000 Namen

---

25 Eine Liste mit empfehlenswerten Spielen finden Sie im Anhang.

oder Viele Dinge. Die motorischen Lerntypen haben z. B. Spaß an Hands Up. Mehr zu empfehlenswerten Spielen finden Sie in Kapitel 6.

4.6. Lernhilfen im Überblick

visueller Lerntyp
- große Hefte, große Rechenkästchen (für Lesbarkeit und Überblick)
- Farben (Besonderheiten hervorheben, grammatische Strukturen kennzeichnen)
- Lernkartei, deutlich beschriebene Karteikarten
- farbige oder farbig markierte Vokabelkarteikarten zum Kennzeichnen des Geschlechts der Substantive (Latein, Französisch): blau: Maskulinum, rot: Femininum, grün: Neutrum
- Lernsoftware besonders zu Fremdsprachen
- Mindmaps, Bilder, Poster
- übersichtliche Tabellen
- Tabellen mit unregelmäßigen Verben, geordnet nach ähnlichen Mustern
- persönliche Kontrollkartei
- Kontrolllisten

auditiver Lerntyp
- braucht Ruhe
- vorlesen
- besprechen
- Hörbücher
- Lernstoff selber aufnehmen und abhören

motorischer Lerntyp
- Bewegungspausen
- auf einem Sitzball oder -kissen sitzen
- Hängematte, Schaukel
- Igelball
- Abwechslung
- verschiedene Materialien nutzen, Knete

Sie merken, es ist gar nicht so schlimm. Für fast alles gibt es eine Lösung, nutzen Sie Ihre Fantasie. Sie kennen Ihr Kind und die Umstände am besten. Sicher finden Sie zusätzlich eigene Wege und Hilfen, um Ihr Kind zu unterstützen. Für die meisten Schüler ist eine Kombination aus den Vorschlägen für alle drei Lerntypen sinnvoll. Diese Maßnahmen dürfen natürlich nicht dazu führen, dass Ihr Kind das Arbeiten einstellt. Sie ersetzen auch nicht das Aufpassen, Lesen, Schreiben und Lernen, können aber ein bisschen Erleichterung schaffen und die Effektivität des Lernens erheblich steigern.

5. Rechtschreibung kann jeder lernen

In diesem Kapitel erfahren Sie,
- warum LRS-Schüler Rechtschreibfehler machen,
- warum LRS-Schüler verunsichert sind,
- warum LRS-Schüler dasselbe Wort manchmal richtig und manchmal falsch schreiben,
- warum es nicht plötzlich „klick" machen kann (und alles richtig geschrieben wird),
- warum LRS-Schüler im Unterricht den Anschluss verlieren und
- wie LRS-Schüler aus dem Rechtschreib-Teufelskreis herauskommen können.

Niemand beherrscht die Rechtschreibung, wenn er geboren wird. Alle müssen sie lernen und dafür ist es nie zu spät.
Sie betrachten den Ausgangspunkt hoffentlich schon ein bisschen gelassener. Ihr Kind fiel wegen schlechter Rechtschreibleistungen auf. Daran wollen Sie etwas ändern. Aber was ist sinnvoll?

5.1. Voraussetzungen

> Mit einer Mischung aus einzelnen gelernten Wörtern, richtigen und falschen Regeln und „Gefühl" hat Ihr Kind sich bisher durch die Rechtschreibung gemogelt.

Mit einer Mischung aus einzelnen gelernten Wörtern, richtigen und falschen Regeln und „Gefühl" („sieht komisch aus" / „sieht gut aus") hat Ihr Kind sich bisher durch die Rechtschreibung gemogelt.
Leider kann es Ihnen nicht sagen, welche der Strategien es jeweils anwendet, weil das meist unbewusst geschieht. Es nützt also nichts, einzelne Wörter immer wieder zu üben oder Ihr Kind mit Diktaten zu quälen. Es wird mehr oder weniger erfolgreich raten, aber nicht sicher wissen, wie die einzelnen Wörter geschrieben werden müssen. Bedenken Sie, dass Ihr Kind irgendwo in den Anfän-

gen des Rechtschreibunterrichts den Anschluss verpasst hat und seitdem in einem Teufelskreis steckt. Manchmal gelingt etwas gut, dann keimt Hoffnung auf. Jetzt scheint es „klick" gemacht zu haben. Aber wie soll das plötzlich geschehen? Wer bisher mit z. T. falschen Theorien, Ausweichtaktiken und Glück durchkam, wird nicht eines Morgens aufwachen und nur noch richtige Regeln im Kopf haben, die er korrekt anwendet. Dazu ein Beispiel zur Groß- und Kleinschreibung.

Schreibweise:
1. *Das kleine Mädchen begleitete den Jungen, der sich wegen des Wetters eine rote Regenjacke kaufen wollte.*
2. *Das Kleine Mädchen begleitete den jungen, der Sich wegen des wetters eine Rote Regenjacke Kaufen wollte.*
3. *Das kleine Mädchen begleitete den Jungen, der sich wegen des wetters eine rote Regenjacke kaufen wollte.*

Regeln:
1. *Das ist doch klar: Nomen werden großgeschrieben.*
2. *Jedes Wort, vor dem man „der", „die" oder „das" sagen kann, wird großgeschrieben: das Kleine, das Mädchen, der Sich („der" steht in diesem Satz vor „Sich"), die Rote, die Regenjacke, das Kaufen.*
3. *Alles, was man sehen oder anfassen kann, wird großgeschrieben: Mädchen, Junge, Regenjacke.*

> Es sieht häufig so aus, als würde ein LRS-Schüler planlos handeln, aber oft steckt ein Plan, wenn auch ein falscher, dahinter.

Es sieht zwar häufig so aus, als würde ein Schüler mit LRS vollkommen planlos handeln, aber oft steckt eben doch ein Plan, wenn auch leider ein falscher, dahinter. Durch die Korrekturen, Belehrungen und Kritiken wird das Kind allerdings so verunsichert, dass es sich nicht einmal mehr an diesen Plan hält. Jetzt haben wir das bekannte, scheinbar unüberlegte Chaos: mal richtig, mal falsch, ohne (erkennbares) Muster.

Reaktionen auf die Korrektur:
1. *Wortarten erkennen, Nomen großschreiben. – Einfach.*
2. *Da steht doch „das Kleine" und „der Sich". Was ist jetzt schon wieder falsch daran, wenn ich das großschreibe?*
   Man kann nicht „der, die oder das Jungen" (hier stellt sich das Kind einen Jungen vor, was mit der Pluralform „die Jungen" gar nicht passt) oder „der, die, das Wetters" sagen. Also muss man „jungen" und „wetters" doch kleinschreiben. Warum stimmt das jetzt schon wieder nicht?
   Man kann doch „das Kaufen" und „die Rote" sagen. Warum soll ich das jetzt doch nicht großschreiben?
3. *Kann man „Wetter" vielleicht doch sehen?*

Erkennen Sie die Verzweiflung bei demjenigen, der seine Regeln (die ihm in der Schule beigebracht wurden) wohlüberlegt anwendet und trotzdem sechs Fehler in einem Satz macht?

Eine Berichtigung nützt hier eigentlich nur, wenn die falschen Regeln erkannt werden und das Kind eine Erklärung bekommt, wie und vor allem warum etwas anders geschrieben werden muss. Es ist wichtig, nach dem richtigen Ausstieg aus diesem Teufelskreis zu suchen. Dann kann Ihr Kind ganz beruhigt von Grund auf die richtigen Regeln erlernen und anwenden und das Chaos hört auf.

5.2. Der Rechtschreib-Teufelskreis

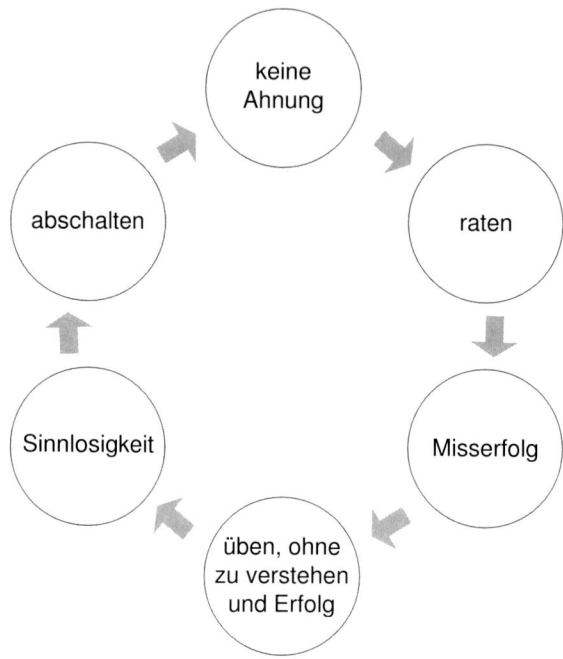

Der Rechtschreib-Teufelskreis

Dieser Kreis scheint wirklich fatal. Wer keine Ahnung hat, worum es geht, oder weiß, dass seine Regeln nicht immer zutreffen, kann bestenfalls raten, wenn eine Lösung von ihm erwartet wird. Hier haben wir scheinbar häufig die 50%ige Chance: f oder v? Dehnungs-h oder nicht? i oder ie? Groß oder klein? Konsonantenverdoppelung oder nicht? usw. Aber irgendwie entscheidet man sich beim Raten offensichtlich leider zu oft für die falsche Lösung und erhält die Quittung in Form von schlechten Noten, Tadel, Zusatzaufgaben (Raten üben), Spott und Ähnlichem.

> Man entscheidet sich beim Raten zu oft für die falsche Lösung.

Eine meiner Schülerinnen wusste, dass sie immer viele Fehler machte und wenn sie unter die Arbeit „Schrift" und „Fehler" schreiben sollte, war ihr klar, dass sie „Fehler" auch noch falsch schreiben würde. Da gibt es ja auch einige Möglichkeiten: Fela, Fehla, Felar, Feler, Fella, Feller, Felher, Fehller, Vela, Vhela ... Raten ist also offensichtlich sinnlos.

5. Rechtschreibung kann jeder lernen

Nun gibt es schlaue Lernhilfebücher, Nachhilfestunden und Übungseinheiten mit den Eltern. Die Lehrer stellen zusätzliches Material zur Verfügung, Fehlerschwerpunkte sollen ermittelt werden, damit man daran arbeiten kann. Alle wollen doch nur helfen. Es wird „geübt", was für Kinder in diesem Teufelskreis oft nur bedeutet, dass sie Zeit mit nicht zu verstehenden Dingen vergeuden. Üben sollte allerdings nicht mit vertaner Zeit, sondern mit Lernfortschritt in Verbindung gebracht werden. Aber Üben, ohne zu verstehen, bringt keinen Erfolg, sondern nur Frust, Ablehnung und Ärger. Was hilft, ist die Flucht. Wenn man nicht weglaufen oder die Schule schwänzen kann, weil hier die Folgen noch schlimmer wären als die Demütigungen im Unterricht und zu Hause, bleibt die Flucht in eine eigene Gedankenwelt. „Sollen die anderen sich doch mit hs, die man sowieso nicht hört, die völlig sinnlos sind, beschäftigen. Offensichtlich freuen die sich sogar darüber, dass es solche hs gibt, die man an irgendwelchen komischen Stellen im Wort einbauen soll." Nein, das ist nichts für denjenigen, der keinen Zugang zu all dem hat. Da ist doch die Vorstellung von einem Drachenkampf oder einem schönen Strandnachmittag viel erfüllender. Ärger gibt es ja sowieso, aber wenn der Genuss wenigstens kurzzeitig lockt, lohnt der „geistige Ausstieg". Klar, das Verständnis für die Themen des Unterrichts wächst dadurch nicht, aber das würde es ja auch nicht, wenn man aufpassen würde. Dann wird eben weiter sinnlos geraten oder versucht, dem ganzen Rechtschreibkram auszuweichen.

„Ich schalte mein Gehirn im Deutschunterricht immer gleich auf ‚off'." Eine Aussage von einem meiner Schüler, die auch für viele andere Betroffene gilt. Ich hatte versucht herauszufinden, wie aufmerksam meine Schüler im Regelunterricht sind, indem ich meinte: „Wer nicht weiß, worum es geht, schaltet sein Gehirn einfach auf ‚Stand-by', oder?" Ich war schon ein bisschen überrascht, aber warum auch nicht. Oder hören wir der japanischen Ansage auf dem Bahnhof aufmerksam zu, wenn wir doch wissen, dass wir sowieso nichts verstehen? Wie konnte es nur so weit kommen? Warum hat er das nicht früher gesagt? Naja, er hat vielleicht gesagt, dass

- *Deutsch doof ist,*
- *er seine Deutschlehrerin nicht mag,*
- *er Lesen langweilig findet,*
- *er keine Lust hat, blöde Geschichten zu schreiben,*
- *ihn Rechtschreibung nicht interessiert,*

- *er sowieso später einen Computer mit Rechtschreibprogramm benutzt, oder, oder, oder.*

Aber dass er sein Gehirn auf „off" stellt, sobald der Deutschunterricht beginnt, das ist wirklich erschreckend – oder befreiend? Bisher nahm es keiner wirklich ernst: „Ich kapiere da überhaupt nichts und es hat auch keinen Sinn zuzuhören, weil ich gar nicht weiß, wovon die reden!" Jetzt besteht die Aufgabe darin, ihm all das beizubringen, was er braucht, um zu verstehen, worum es im Deutschunterricht geht. Dann lohnt sich das Mitmachen und dann wird er richtig gut sein. Aber wie kann es so weit kommen, dass ein Kind derartig den Anschluss verliert, dass es sowieso sinnlos ist, aufzupassen und zu üben?

5.3. Problem erkannt

Ihr Kind steckt drin in diesem Rechtschreib-Teufelskreis. Wer hat Schuld? Das Kind, weil es so intelligent war, eigene Strategien zu entwickeln? Weil es aus eigener Kraft bis hierher gekommen ist, obwohl alles so viel schwerer war als für die Klassenkameraden? Weil es Eigenschaften besitzt, die in jeder Bewerbung vorteilhaft wären, wie intuitive Wahrnehmung, räumliches Denken, Vorstellungsfähigkeit im Formenbereich, Kreativität?

Hier liegt der Grund, warum gerade Eltern von Gymnasiasten erst so spät erfahren, dass ihr Kind LRS hat. Bis zu den neuen Anforderungen mit vielen verschiedenen Fächern, Zeitdruck und vermehrtem Lesen und Schreiben war alles machbar. Sind Sie schuld, weil Sie Ihr Kind nicht früher durchschaut haben, oder die Lehrer? Letztlich ist die Schuldfrage ganz egal, denn Schadenersatz gibt es nicht und jetzt können Sie etwas ändern. Sollten in der Verwandtschaft oder im Freundeskreis ähnliche Fälle vorkommen, sind Sie aber vielleicht vorgewarnt und haben die Möglichkeit, früher einzugreifen. Hier geht es um die „Späterkennung" und nicht um das „Hinterher-ist-man-immer-Schlauer".

Fakt bleibt: Ihr Kind steckt im Rechtschreib-Teufelskreis und soll da raus!

5.4. Der Rechtschreib-Erfolgskreis

Das klingt gut, für einen Schüler mit Rechtschreibproblemen aber unerreichbar und absolut unattraktiv. „Rechtschreibung ist nur blöd oder wird zumindest überbewertet."

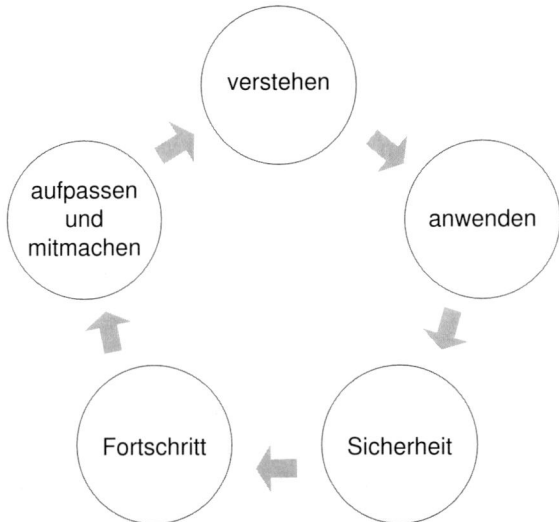

Der Rechtschreib-Erfolgskreis

Wenn man sich den Kreis ansieht, scheint es gar nicht so schlimm zu sein. Wer versteht und das Verstandene anwendet, bekommt Sicherheit, macht Fortschritte, hat Lust, sich am Unterricht zu beteiligen und wird immer besser. Wie kommt man aber aus der Sinnlosigkeit des Teufelskreises hierher? Der Einstieg ist beim Verstehen. Etwas verstehen kann Ihr Kind aber nur, wenn es dazu die Voraussetzungen mitbringt. Das kann bedeuten, dass das Üben des aktuellen Rechtschreibstoffs, der z. B. in der 6. Klasse durchgenommen wird, im Moment relativ sinnlos ist, da schlicht die Grundlagen fehlen, um ihn zu begreifen.

> Oft fehlen die Grundlagen, um den aktuellen Stoff zu begreifen.

Fangen wir also wirklich ganz von vorn an. Welche Buchstaben gibt es? Können sie alle erkannt und benannt werden? – Vermutlich ja, denn sonst wäre Ihr Kind nicht so weit gekommen. Dann geht es um Vokale (a, e, i, o, u) und Konsonanten (die anderen Buchstaben). All das ist Stoff der ersten beiden Klassen und wird von Fünftklässlern in ein bis zwei Stunden meist problemlos wiederholt. Wer aber hier stockt, muss nicht so lange üben, bis er es kann, sondern so viele Erklärungen erhalten, bis er wirklich alles versteht. Für die Unterscheidung von Vokalen und Konsonanten kann das sein: Vokale kann man laut rufen, ohne dass sie Hilfe brauchen: a, e, i, o, u. Alle anderen Buchstaben brauchen einen Vokal als Unterstützung, wenn man sie laut rufen will, z.B. be, ef, ha. (Bitte ein bisschen tolerant sein, wenn diese Erklärung nicht ganz exakt ist.)

So geht es weiter. Die Vorstellung, dass man ewig braucht, um den Rechtschreibstoff der ersten vier bis sechs Schuljahre nachzuholen, weil man ja das Aktuelle auch noch lernen muss, ist nicht ganz richtig. Zum einen, weil das Aktuelle (in diesem speziellen Fall) zweitrangig ist. Zum anderen hat ein Gymnasiast oder Realschüler natürlich eine viel bessere Auffassungsgabe als ein Grundschüler.

Jede Strategie, die von der zur Förderung verwendeten abweicht, führt bei einem LRS-Schüler leicht dazu, dass sie wieder falsche Annahmen hervorbringt. Das Kind versucht entweder, alles miteinander zu verknüpfen, oder meint, das Gelernte nur in der jeweiligen Umgebung nutzen zu dürfen. So wird bei gleichzeitigem Lernen nach unterschiedlichen Methoden der Fortschritt häufig eher blockiert.[26] Vermeiden Sie unbedingt eine Überforderung Ihres Kindes. Wenn es neben dem Regelunterricht auch Förderunterricht erhält, sollten Sie ausschließlich nach dem dort angewandten Prinzip mit ihm üben.

5.5. Verstehen statt üben

Bei einer konsequenten Rechtschreibförderung geht es darum,
1. den Stoff wirklich von Anfang an zu vermitteln und
2. jeden einzelnen Schritt so lange zu bearbeiten, bis er wirklich verstanden ist.

Dabei entscheidet nicht die Zeit, sondern die Methode. Kinder, die merken, dass ihnen geholfen werden kann, nehmen es im Allgemeinen gern an. Wer aber die Erklärung auf die eine Weise nicht versteht, braucht eine andere.

---

26 Vgl. Was tun bei Legasthenie in der Sekundarstufe?, S. 214.

5. Rechtschreibung kann jeder lernen

> Wer eine Erklärung auf die eine Weise nicht versteht, braucht eine andere.

Denken Sie an die Farbenblinden. Die Herausforderung liegt also nicht beim Schüler (üben, üben, üben), sondern beim Erklärenden. Sie werden erfahren, wie viel Fantasie manchmal gefordert ist, um das zu gewährleisten. Es geht immer um das Verstehen, denn Rechtschreibregeln, zumindest die grundlegenden, können verstanden werden.

Dann kommen die ersten Aha-Erlebnisse: „Ach, so einfach ist das!" Meine Schüler fragen mich oft, warum ihnen keiner die Regeln vorher so beigebracht hat. – Ja, schade, erklärt wurde das Meiste sicher, nur nicht immer verständlich für jeden. Schon gar nicht für jemanden, der sein Gehirn auf „off" gestellt hatte. Zum Beispiel, dass ein stummes Dehnungs-h niemals vor einem anderen Buchstaben als l, m, n oder r steht. (Damit schreibt man „rodeln" garantiert ohne h!).

> Mit dem Verstehen kommt die Sicherheit, das Raten hat ein Ende.

Mit dem Verstehen kommt die Sicherheit. Wer die Regeln (kurz und übersichtlich) kennt, kann sicher sein, dass er fast alles richtig schreibt. Das Raten hat ein Ende und damit auch der Misserfolg und die Sinnlosigkeit. Wenn Ihr Kind merkt, dass es sicher ist („Ich verwette eine Tüte Gummibärchen, dass man „rodeln" ohne h schreibt."), traut es sich immer mehr zu. Jetzt erkennt vielleicht der Deutschlehrer die ersten Fortschritte, auch wenn noch vieles rot (oder schwarz) angestrichen wird.

Wenn ich Diktate meiner Schüler ansehe, achte ich nur auf das, was sie bei mir schon gelernt und geübt haben. Da können bei 34 Fehlern 3 sein, von denen ich sage: „Das hätte nicht sein müssen. Alles andere hatten wir noch nicht und wenn du das weiterhin so toll machst, bist du bald so gut wie die anderen." Und es stimmt. Viele „meiner LRS-Kinder" hören mit meinem Kurs auf, wenn sie regelmäßig Einsen, Zweien oder Dreien in der Rechtschreibung bekommen. Was will man mehr?

Oft werde ich von Eltern gefragt, warum ihr Kind noch immer Fehler macht, es hätte das jetzt doch verstanden. Richtig, aber Routine ist noch etwas anderes. Die Klassenkameraden schreiben seit Jahren bewusst oder unbewusst nach Regeln. Wenn man etwas im Prinzip weiß, muss man eine gewisse Routine entwickeln und das braucht bekanntlich Zeit, manchmal hilft aber auch ein entscheidender Entwicklungsschritt. Mit etwa 13 bis 15 Jahren begreifen Schüler, dass sie selbst für sich verantwortlich sind. Wenn sie die

73

Regeln kennen und sie auch sicher und überzeugt anwenden, ist es ihre Entscheidung, ob sie es wirklich tun. Oft klappt das. Nach den Ferien, nach dem Geburtstag oder nach der Konfirmation ist plötzlich von Rechtschreibproblemen fast nichts mehr übrig.

Wenn ein Schüler keine Fehler mehr machen will, wird der Erfolg deutlich.

Solange die Einstellung „Ist mir doch alles egal!" vorherrscht, nützen Verstehen und Üben zwar auch, aber erst, wenn ein Schüler keine Fehler mehr machen will (oder möglichst wenige), stellt sich ein deutlicher Erfolg ein.

5.6. Weitermachen lohnt sich

Jetzt folgt noch ein entscheidender anderer Punkt. Häufig hat ein Kind mit LRS im Laufe seiner Schullaufbahn ja nicht nur Strategien entwickelt, um die Lese- und/oder Rechtschreib-Schwierigkeiten zu kompensieren, sondern ist zusätzlich „verhaltensauffällig" geworden. Nun ist neben dem Weg aus dem Rechtschreib-Teufelskreis auch noch der aus teilweise unguten Verhaltensmustern zu bewältigen. Ihr Kind braucht liebevolle Unterstützung für beides. Verständnisvolle, geduldige Eltern und Lehrer können diesen Prozess begleiten. Wer immer nur allein nach seinen Fortschritten sucht und sich selbst motivieren muss, hat es viel schwerer als ein Kind, das gelobt und verstanden wird. So kann ein guter Übergang von einem „Gehirn-auf-off-Schüler" zu einem aufmerksamen und aktiven Schüler gelingen.

6. Abwechslungsreich und effektiv lernen

In diesem Kapitel erfahren Sie,
- wie Ihr Kind sich auf das Lernen einstellen und konzentrieren kann,
- wie Bilder beim Verstehen und Merken helfen,
- wie Sie mit wenig Aufwand, aber mit Spaß, gute Lernresultate erzielen,
- wie Grammatik spielerisch vertieft wird,
- wie Spiele den Umgang mit Buchstaben und Wörtern fördern,
- wie Aufmerksamkeit und Kombinationsvermögen geschult werden und
- wie Ballübungen sinnvoll das Rechtschreibtraining unterstützen.

> LRS-Schüler sind manchmal zu genial, um sich an Vorschriften zu halten. Sie haben eigene Strategien entwickelt und stehen sich damit gelegentlich selbst im Weg.

Intelligente, spät erkannte LRS-Schüler sind genial, manchmal zu genial, um sich an „langweilige Vorschriften" zu halten. Sie haben im Laufe der Jahre viele eigene Strategien entwickelt und stehen sich damit gelegentlich selbst im Weg, wenn es um Rechtschreibung geht.

Die Hoffnung, dass sie die Schulzeit ohne diese Plage überstehen, schwindet, aber eigentlich haben sie auch keine Zeit (und vor allem keinen Plan), um aus dieser Misere herauszukommen. Immer wieder werde ich von Eltern gefragt, wie sie sinnvoll mit ihren LRS-Kindern üben können. Bitte üben Sie keine Diktate! Diktate haben für LRS-Kinder keinen positiven Effekt. Zum einen mögen sie sie nicht. Üben ist generell nicht beliebt, aber Diktate sind die Krönung. Zur Unsicherheit über die Schreibweise kommt der Zeitdruck. Bei jedem Wort wird es schlimmer und das Ergebnis kennt man sowieso schon: mal wieder eine Katastrophe. Zum anderen lernt man auch nichts dabei, außer dass man viele Fehler macht. Verschonen Sie Ihr Kind damit. Wenn Sie konsequent von Grund auf mit Ihrem LRS-Kind die Rechtschreibung erarbeiten möchten, empfehle ich Ihnen das „Intelligente LRS-Schüler – Lernprogramm"[27], das ich genau für diese Kinder entwickelt habe. Es berücksichtigt all die Eigenheiten dieser genialen Kinder. Es berücksichtigt auch, dass LRS-Schüler nur wenig Zeit zum Üben haben. Seit Jahren bewährt sich dieses Lernprogramm im Förderunterricht für LRS-Schüler, besonders am Gymnasium. Es ist so angelegt, dass es von den Schülern weitgehend selbstständig bearbeitet werden kann und eignet sich ebenso für Gruppenunterricht wie für das Üben zu Hause.

Das Prinzip besteht darin, jeden Schritt so gut zu erklären, dass jeder Schüler ihn versteht. Da die Genialität der Betroffenen bekanntermaßen manchmal zu falschen Schlüssen führt, ist eine gelegentliche Kontrolle dessen, was erarbeitet wird, sinnvoll. Sie haben die besten Voraussetzungen, Ihr Kind zu begleiten, wenn es lernt, falsche Annahmen aufzugeben und mit wenigen eingängigen Regeln die Schreibweise deutscher Wörter sicher zu beherrschen. Wenn Sie mit Geduld, Verständnis und Fantasie Ihr Kind durch dieses Programm begleiten, wird es bald Erfolge erleben und merken, dass Rechtschreibung gar nicht so schwer ist, sondern sogar Spaß machen kann, sobald man sie durchschaut.

6.1. Konzentration

Viele LRS-Schüler können sich nicht (immer) gut konzentrieren. Sie „sind abwesend" oder haben überschüssige Energie. Ihnen wird gesagt, dass eines ihrer Hauptprobleme die mangelnde Konzentration sei, aber oft wissen sie nicht, was sie darunter verstehen sollen.

6.1.1. Aufmerksamkeit

„Träume nicht!"
„Störe nicht!"

„Träume nicht!" oder „Störe nicht!", das hören LRS-Schüler wohl sehr oft. Was kann man dagegen tun?

Fast alle Kinder mit LRS – und der meistens damit verbundenen besonderen Vorstellungsgabe – schaffen es mit einer geeigneten Anleitung, zur Ruhe zu kommen und aufmerksam zu werden. Mit der Aufforderung „Konzentrie-

---

[27] Livonius, Uta: Intelligente LRS-Schüler – Lernprogramm. Hamburg: AOL-Verlag 2014.

re dich!" können aber die wenigsten Kinder etwas anfangen. Sie stellen sich z. B. Folgendes darunter vor:
- *Ich soll nur an eine Sache denken.*
- *Ich soll nur eine Sache machen.*
- *Ich soll nicht zappeln.*

Besprechen Sie mit Ihrem Kind, was Konzentration oder Aufmerksamkeit bedeutet. Wie fühlt es sich an, wenn man konzentriert ist? Wie kann man das erreichen? Oft muss ein Kind sich erst einmal entspannen, bevor es sich auf etwas konzentrieren kann.

Zu Entspannung und Konzentration gibt es Anleitungen in Büchern, auf CDs oder als Kurs. Finden Sie das Richtige für Ihr Kind. Informieren Sie sich ausführlich, bevor Sie Ihr Kind etwas ausprobieren lassen. Einige Kriterien, die Ihnen bei der Auswahl helfen können, sind folgende:

- Durchführbarkeit: Kann Ihr Kind damit allein zur Ruhe kommen / sich konzentrieren oder müssen Sie es immer unterstützen?
- Altersentsprechung: Ihr Kind muss sich auf die Methode einlassen. Wenn sie „babyhaft" oder unverständlich erscheint, wird das nicht gelingen.
- Gute Anleitung: Sind die Anleitungen so, dass Sie und Ihr Kind sie wirklich verstehen und umsetzen können?
- Kurse: Kurse mit guten Kursleitern, die Ihnen empfohlen werden, ermöglichen es, mit professioneller Anleitung (vielleicht ohne Eltern) einen eigenen Weg zu finden. Nach einigen Übungsstunden gelingt die Umsetzung dann allein.
- Zeitaufwand: Schafft Ihr Kind es, sich genügend Zeit dafür zu nehmen?

Ein „Fehlversuch" ist immer schlecht, da der Mut, etwas anderes zu testen, sinkt. Einige Kinder mögen Musik, Traumgeschichten oder Übungen aus Yoga, autogenem Training, Brain-Gym® oder Life Kinetik®, um zur Ruhe zu kommen. Andere bevorzugen Techniken, mit denen sie schnell umschalten können, um aufmerksam zu werden. Dazu einige Beispiele:
- Stopp!: Sobald ein Gedanke aufkommt, der gerade nicht zum Thema gehört, denke ich „Stopp! Daran denke ich erst nach dieser Aufgabe wieder."
- Gedankenbox: Bevor ich eine Aufgabe beginne, überlege ich kurz, ob ich irgendwelche Gedanken im Kopf habe, die mich ablenken könnten. Ich stelle mir vor, wie ich sie auf Zettel schreibe und in meine Gedankenbox

werfe. Wenn ich mit meiner eigentlichen Aufgabe fertig bin, stelle ich mir vor, wie ich meine Zettel aus der Gedankenbox wieder heraushole und sie bearbeite.

- Wegpusten: Ich hole tief Luft und puste dann alles, was mich ärgert oder stört, aus mir heraus. Das mache ich so oft, bis ich alles weggepustet habe (ca. drei- bis sechsmal).
- Loslassen: Ich spanne alle meine Muskeln ganz stark an und lasse sie dann ganz bewusst los. Dabei fühle ich, wie ich ganz entspannt und warm werde.
- Powerschalter: Ich stelle mir vor, ich könnte mit einem Drehknopf oder Schieberegler bestimmen, wie viel Energie ich gerade zur Verfügung habe. Ich überlege mir, welche Einstellung für die jeweilige Aufgabe sinnvoll ist und betätige in Gedanken den Regler entsprechend.

Wenn Sie mit Ihrem Kind eine gute Methode gefunden haben, ist es hilfreich, eine Tätigkeit zu kennen, die mit großer Aufmerksamkeit besser gelingt als mit kleiner, um zu beweisen, dass Konzentration Vorteile bringt. Einer meiner Schüler konnte ziemlich gut jonglieren. Nach wenigen Sekunden fielen die Bälle aber immer wieder herunter. Nachdem er aufmerksam war, gab ich ihm die Bälle und wenn die Stunde nicht bald zu Ende gewesen wäre, hätte er wahrscheinlich ewig ohne Probleme weiter jonglieren können. Mit dieser Erfahrung glaubte er mir, dass man so auch besser Tennis spielen oder Hausaufgaben machen kann. Kinder, die eine Methode für sich entdeckt haben, können oft in wenigen Sekunden aufmerksam werden und nutzen das für Hausaufgaben und besonders für Klassenarbeiten.

6.1.2. Bewegung

Zu Kinesiologie, Brain-Gym®, Life Kinetik® und anderen Möglichkeiten, fit und aufmerksam durch Bewegung zu werden, gibt es viele Bücher mit abwechslungsreichen Übungen.

Balltanz[28]
Um zur Ruhe zu kommen und sich spielerisch zu konzentrieren, eignet sich gut diese Übung aus der Life Kinetik®:

---

[28] Vgl. Lutz, Horst: Life Kinetik®. Gehirntraining durch Bewegung, S. 76 ff.

1. Im Abstand von ca. 5 Metern stehen sich zwei Übende gegenüber. Einer hat einen Ball (Kooshball = leichter weicher Ball aus Gummifäden, Jonglierball oder Reissäckchen) in der Hand und wirft ihn seinem Mitspieler zu. Ob dieser mit links oder rechts fangen soll, sagt der Werfer an.
2. Wer das gut schafft, soll nun beim Ballfangen mit der linken Hand den rechten Fuß nach vorn stellen, beim Ballfangen mit der rechten Hand den linken Fuß.
3. Es wird ausgemacht, dass mit links gefangen werden muss, wenn der Werfer „1" sagt, mit rechts, wenn er „2" sagt.
4. Es wird ausgemacht, dass mit links gefangen werden muss, wenn der Werfer eine gerade Zahl sagt, mit rechts, wenn er eine ungerade Zahl sagt.
5. Es wird ausgemacht, dass mit links gefangen werden muss, wenn der Werfer einen Mädchennamen sagt, mit rechts, wenn er einen Jungennamen sagt. Jede andere Kombination ist möglich. Erst wenn das richtige Fangen klappt, werden die Füße dazugenommen.

Wer nicht aufpasst, schafft es nicht, denn es müssen verschiedene Dinge gleichzeitig bedacht und durchgeführt werden. Also z. B.: Zahl (2) hören – umdenken: gerade Zahl, also linke Hand – linke Hand zum Fangen benutzen und gleichzeitig das rechte Bein nach vorne stellen.
Da muss man aufmerksamer sein, als wenn man vor einem Zettel sitzt und etwas schreiben soll. Hier haben die Gedanken alle Möglichkeiten, woanders hinzuwandern.

Spiele
Es gibt auch fertige Spiele, die die volle Aufmerksamkeit (also Konzentration) der Spieler erfordern. Eines davon ist „Hands Up"[29]. Auf Bildkarten sind Hände in verschiedenen Positionen und Fingerstellungen abgebildet. Die Karten werden nacheinander aufgedeckt, wobei es darum geht, so schnell wie möglich genau die abgebildete Handstellung nachzumachen. Man muss dabei sehr aufmerksam sein, um Erster zu werden.

---

29 Vgl. die Liste der Spiele und Lernhilfen im Anhang.

6.2. Bilder und Geschriebenes

Abwechslungsreiche Materialien und Methoden, die Ihrem Kind entsprechen, ermöglichen oft ohne bewusstes Üben große Fortschritte.

6.2.1. Falsche Bilder löschen
Die meisten LRS-Kinder haben viele Dinge als Bilder im Kopf, auch geschriebene Wörter. Leider sind einige davon falsch. Es kommt auch vor, dass ein Kind sozusagen eine ganze Seite voller möglicher Schreibweisen für ein Wort „sieht" und sich in diesem ganzen Durcheinander nicht zurechtfindet. Wer Bilder sieht, kann ebenso gut Bilder löschen und neue abspeichern. Diese Kinder verstehen solche Anweisungen:

- Sieh dir das Bild zu diesem Wort an.
- Jetzt lösche es. Radiere alles weg oder mache einen Reset, sodass das Blatt ganz weiß/leer ist.
- Sieh dir jetzt das Wort an, wie es richtig geschrieben wird (auf Papier) und „fotografiere" es auf dieses Blatt. Oder schreibe es mit dem Finger in die Luft und stell dir vor, es wäre eine Leuchtschrift, die sich auf deinem Blatt einprägt.
- Lies das Wort von diesem neu beschrifteten Blatt (in deinem Kopf) ab.

Sehr viele Kinder können diese „Fotos" tatsächlich so genau sehen, dass sie die Wörter sogar rückwärts lesen können. Wer diese Fähigkeit besitzt, muss aber aufpassen, dass er nur richtige Bilder im Kopf hat. Daher müssen falsche Bilder, auch zu Regeln, gelöscht werden, bevor die neuen gespeichert werden können. Wenn Ihr Kind diese Begabung hat, kann es auch während einer Klassenarbeit Bilder, Tabellen und Poster „sehen" und „abschreiben". Es lohnt sich daher, wirklich gut strukturierte Lernvorlagen anzufertigen.

6.2.2. Poster, Bilder und Collagen
Jede Art von Bildern kann Ihrem Kind helfen, Dinge zu verstehen und zu behalten. Ein Beispiel: Alle Kinder kennen das Y, aber weil es so selten vorkommt, sind sie wegen der Schreibweise von Wörtern mit y oft unsicher. Lassen Sie Ihr Kind ein Y-Bild gestalten:

- ausgeschnittene y aus Zeitschriften
- Wörter mit y (ausgeschnitten oder selbst geschrieben)

- Bilder von Gegenständen, die eine Y-Form haben (ausgeschnitten oder gemalt), z. B. Steinschleuder
- Bilder von Dingen, die mit y geschrieben werden (ausgeschnitten oder gemalt), z. B. Yak, Yeti, Typ, Xylofon

Wenn das Bild fertig ist, hat das Y seinen Schrecken verloren, ein buntes Bild ist entstanden und kann in einer Mappe aufbewahrt oder aufgehängt werden. Diese Methode kann auch für andere Themen, wie z. B. Lernwörter, genutzt werden. Ein Bild mit allen „aa-Wörtern" oder mit den wichtigsten Lernwörtern mit ä kann ein richtiges Kunstwerk sein.

6.2.3. Karteikarten

Kleine Karteikarten in verschiedenen Farben sind einfach für das abwechslungsreiche Lernen einzusetzen.

Lernkartei/Lernbox[30]

Karteikarten werden mit dem zu lernenden Wort oder Sachverhalt beschriftet. Auf die eine Seite wird die Antwort, also das, was gelernt werden soll, geschrieben (englische Vokabel, Lernwort). Die andere Seite wird mit der dazugehörigen Frage versehen (deutscher Begriff, Erklärung oder Bild zu dem Lernwort). Jede neue Karte wird in das erste Fach der Lernbox gelegt. Beim Lernen wird die Frage gelesen, in Gedanken oder schriftlich die Antwort gegeben und diese dann anhand der Karte überprüft. Karten mit richtig beantworteten Fragen wandern jeweils ein Fach weiter. Falsch beantwortete kommen wieder in Fach 1. Dabei werden Karten aus Fach 1 täglich bearbeitet. Die anderen werden erst wieder in die Hand genommen, sobald das jeweilige Fach voll ist. So gelangt das Gelernte allmählich ins 5. Fach und somit wirklich ins Langzeitgedächtnis. Mit einer Lernkartei sollte jeden Tag 5 bis 10 Minuten geübt werden.

Geeignet ist diese Methode vor allem für Vokabeln, zum Wiederholen schwieriger Begriffe aus der Grammatik und für das Einprägen von Lernwörtern. Achtung: Die Karten müssen unbedingt richtig und ordentlich (am besten gedruckt) beschriftet sein, sonst prägen sich die Fehler ein (siehe auch Kapitel 4.2.).

---

30 AOL-5-Fächer-Lernbox, AOL-Verlag 2014.

Karten für die Hosentasche

Besonders schwierige Vokabeln kann Ihr Kind auf Karteikarten schreiben, in die Hosentasche stecken und immer wieder hervorholen, um zu überprüfen, ob es sich das Wort jetzt richtig gemerkt hat. Achten Sie aber darauf, dass diese Karte zurück in die Lernbox gelegt wird oder fertigen Sie für die Hosentasche gleich Extrakarten an. Für die Klassenarbeit muss die Hosentasche natürlich geleert werden.

Wortarten einüben

Karteikarten werden mit einzelnen Wörtern der zu übenden Wortarten beschrieben. Damit kann auf unterschiedliche Weise geübt werden.

- Auf großen Karten (A5 oder A6) steht die Bezeichnung der Wortart auf Deutsch und Latein, jeweils eine Karte pro Wortart. Die kleinen Karten (A7 oder A8) liegen auf einem Stapel. Sie werden einzeln aufgedeckt und den großen Karten mit den Wortarten zugeordnet.
- Es wird ein Schema aufgeschrieben, in welcher Reihenfolge Wörter gelegt werden sollen. Ihr Kind „bastelt" so eigene, z. T. lustige Sätze aus den Karten, die ihm zur Verfügung stehen. Beim Vorlesen muss es sie so umformen, dass sie grammatisch richtig sind.
Beispiel: Artikel, Adjektiv, Nomen, Verb, Präposition, Artikel, Nomen.
Daraus wird z. B.: Die kaputt Kamel rennt über eine Motorrad.
Richtig vorgelesen: Das kaputte Kamel rennt über ein Motorrad.

Wortbausteine

Auf Karten mit unterschiedlichen Farben werden Wortbausteine geschrieben, getrennt nach Vorsilben, Stämmen und Nachsilben/Endungen.
Beispiel:
Vorsilben in Gelb: auf-, zu-, mit-, um-, an-, aus-, her-, weg-, nach-, ab-, hin-, über-, unter-, fort-, ein-, miss-, ur-, ver-, vor-, be-, ge-, zer-, er-, ent-, un-
Nachsilben/Endungen in Blau: -heit, -ung, -schaft, -nis, -tum, -keit, -sal, -sam, -bar, -isch, -los, -ig, -lich, -selig, -in, -wärts, -e, -er, -en, -t
Wortstämme in Rot: arbeit, lauf/läuf, ruh, lieb, sprech, fahr/fähr, glück, freund, froh/fröh, furcht, warn, leb, müh, land/länd, druck/drück, rat, zweck, heim, geb, komm, reich, schick, gleich, zeit

- Ihr Kind versucht, daraus sinnvolle Wörter zu legen, z. B.: Vor-lieb-e, Be-rat-ung, spiel-en.

- Die Karten liegen auf einem Stapel und werden einzeln aufgedeckt. Ein Wort mit diesem Wortbaustein wird gesagt und/oder aufgeschrieben, z. B.: „vor-" – Vorlage, „fahr" – Beifahrer, „-keit" – Freundlichkeit.

Verben für dass-Sätze

Verben, die erfordern, dass ein dass-Satz folgt, werden auf Karten geschrieben. Überlegen Sie gemeinsam mit Ihrem Kind, welche das sein können. Hier eine kurze Liste mit infrage kommenden Verben, die natürlich immer weiter ergänzt werden kann: glauben, meinen, annehmen, befürchten, hoffen, vermuten, wissen, wetten, ahnen, versprechen, wollen, bemerken, sagen, behaupten, erwarten, verstehen, verlangen, hören, fühlen, sehen, schmecken, merken, träumen, denken, sich freuen, sich ärgern, sich einbilden, sich wünschen.

- Die Karten liegen auf einem Stapel und werden einzeln aufgedeckt. Ein Satz mit diesem Verb und ein dazugehöriger dass-Nebensatz werden gesagt und/oder aufgeschrieben.

Beispiel: „vermuten" – Der Ritter vermutet, (Komma mitsprechen) dass seine Rüstung geölt werden muss.

Lernwörter-Training à la Tabu

Diese Methode eignet sich besonders gut, um kleinere Gruppen von Ausnahmewörtern so zu bearbeiten, dass Kinder sie sich gut merken können. Sie sollen nicht als Liste auswendig gelernt werden. Ihr Kind muss also nicht alle Wörter mit Doppelvokal fehlerfrei „herunterbeten" können. Wenn aber ein Wort mit Doppelvokal geschrieben werden muss, sollte es sich daran erinnern, dass es zu dieser Gruppe von Ausnahmewörtern gehört.
Geeignet sind z. B.:

- Wörter mit Doppelvokal (Aal, Haar, Moos, Zoo, See, Teer)
- Wörter mit ä, die nicht abgeleitet werden können (Käfer, Käse)
- Wörter, die mit v (wie f gesprochen) beginnen, aber nicht eindeutig Fremdwörter sind und nicht die Vorsilbe „ver-" oder „vor-" haben (Vater, Vetter, Vogel)
- Wörter mit ai (Mais, Kaiser, Hai)
- Ausnahmewörter zum stummen h (Blume, Name, nämlich)
- Ausnahmewörter zum ie (Liter, Medizin, Bibel)

- Wörter mit pf (Pfirsich, Pfosten, Pflicht)
- Wörter mit qu (schwierig in unteren Klassen, da es sich häufig um Fremdwörter handelt: Quadrat, Quittung, Qualität)

Gespielt wird nur mit den Karten einer Ausnahmegruppe. Auf jeder Karte steht ein Wort dieser Gruppe. Diese Karten sollten Sie beschriften, denn das Kind darf noch nicht wissen, was daraufsteht. Entsprechend dem Spiel Tabu[31] (sehr zu empfehlen, denn Kinder verlieren damit die Scheu davor, etwas zu erklären) werden die Karten ergänzt. Ein bis vier „Tabu"-Wörter, die man zur Erklärung des gesuchten Wortes nicht benutzen darf, werden dabei, dem Niveau Ihres Kindes entsprechend, ausgewählt und (kleiner) unter das zu erklärende Wort geschrieben. Jeder Mitspieler bekommt gleich viele Karten. Abwechselnd werden nun die Begriffe, die daraufstehen, beschrieben. Der andere versucht, das Wort zu erraten und stellt dazu Fragen, die der Erklärende nur mit „Ja" oder „Nein" beantworten darf. Die erratenen Wörter werden aufgeschrieben. So entsteht eine Liste mit Ausnahmewörtern, die sich Ihr Kind viel besser merken kann, als wenn es sie nur einmal liest und abschreibt. Dieses Spiel kann man gelegentlich wiederholen. Das Erraten bzw. Erklären gelingt jetzt natürlich viel schneller und das ist schließlich auch das Ziel.

Ein auf das „Intelligente LRS-Schüler – Lernprogramm"[32] abgestimmtes Lernwörter-Training à la Tabu erscheint im AOL Verlag.

6.2.4. Knickspiel

Dieses Spiel kann nur mit mindestens 3 Mitspielern gespielt werden. Vielleicht finden sich ja Freunde oder Geschwister, die mitmachen, oder auch einmal beide Elternteile.

Je nachdem, was eingeübt werden soll, schreiben Sie einen Beispielsatz oder eine Abfolge von Wortarten für alle Mitspieler sichtbar auf.

- Jeder Mitspieler bekommt ein leeres Blatt Papier.
- Oben schreibt er ein Wort der ersten vorgegebenen Wortart hin und knickt das Blatt so, dass es verdeckt wird.

---

31 Parker 30658100: Tabu Edition 6 – Neuauflage (2012 von Hasbro)
32 Livonius, Uta: Intelligente LRS-Schüler – Lernprogramm. Hamburg: AOL-Verlag 2014.

- Jeder gibt sein Blatt einen Platz weiter.
- Auf das Blatt, das jetzt vor ihm liegt, schreibt jeder Mitspieler ein Wort der zweiten vorgegebenen Wortart, knickt und gibt weiter.
- So wird weitergemacht, bis alle Wörter geschrieben sind und ein letztes Mal weitergegeben wurde.
- Jetzt werden die Blätter aufgefaltet und die Sätze vorgelesen.

Den Kindern macht diese Art von Spiel Spaß, weil so herrlich unsinnige Sätze entstehen. Sie üben dabei unbewusst den Umgang mit den Wortarten, zum Beispiel: Artikel, Nomen, Verb, Adverb (Zeitangabe), Adjektiv, Präposition, Artikel, Nomen.
Ein daraus entstehender Unsinnssatz könnte dann lauten: Der Elefant strampelt heute mutig mit dem Löffel.
Geeignet ist dieses Spiel auch für das Einüben von dass-Sätzen (siehe Teil 2, Kapitel 10).

6.2.5. Stadt – Land – Fluss

Dieses Spiel ist wohl allgemein bekannt. Man kann es für viele Übungszwecke abwandeln. Das Prinzip ist immer, dass es verschiedene Spalten gibt, in die gesuchte Begriffe, jeweils mit einem bestimmten Anfangsbuchstaben, eingetragen werden.
Möglich sind z. B.:
- Nomen, Verb, Adjektiv, andere Wortart: z. B. Amsel, arbeiten, artig, ab; Boden, boxen, breit, bei
- Silbenzahl 1, 2, 3, 4, 5: z. B. Dach, Dose, Datenbank, Demokratie, Dinosaurier; Elf, Esel, Elefant, Entenküken, Ekelhaftigkeit

6.3. Spiele und Bälle

Es gibt zahlreiche Spiele, die die Wahrnehmung, die Aufmerksamkeit, das Denken usw. fördern. Hier stelle ich nur eine kleine Auswahl vor, die ich gelegentlich im Unterricht verwende.[33]

---

[33] Vgl. die Liste der Spiele und Lernhilfen im Anhang.

6.3.1. Buchstaben und Worte

Diese Spiele sollen nicht unbedingt Rechtschreibspiele sein, sondern vielmehr den Umgang mit Buchstaben und Worten auf unterhaltsame Art trainieren.

Scrabble

Wenn Sie die Regeln dem Können Ihres Kindes anpassen, macht sogar Scrabble Spaß. Beispielsweise sind folgende Erleichterungen denk- und kombinierbar:
- Es gibt keine Gewinner und Verlierer.
- Die Punkte werden nicht gezählt.
- Gespielt wird mit aufgedeckten Spielsteinen (und gegenseitiger Hilfe).
- Auch zusammengesetzte Wörter, die nicht im Wörterbuch stehen, sind erlaubt.
- Das Austauschen von Spielsteinen ist erlaubt, ohne dass man aussetzen muss.

Express

Auf dem Tisch liegen ca. 6 Karten, auf denen ein oder zwei Buchstaben stehen. Wer daraus ein Wort bilden kann, bekommt die verwendeten Karten. Von einem Stapel werden bei Bedarf immer neue Buchstaben aufgedeckt. Da man das Spiel jederzeit abbrechen kann, ist es für kurze Spielpausen geeignet. Natürlich geben Sie Ihrem Kind die Chance, gegen Sie zu gewinnen.

Denk Fix

Es werden Begriffe gesucht, z. B.: eine Blume, etwas Rundes. Mit welchen Buchstaben sie beginnen sollen, wird auf einer Drehscheibe ermittelt. Wer als Erster ein richtiges Wort sagt, erhält die Karte mit der Frage.

Tabu

Hier müssen Begriffe erklärt werden. Die „Tabu"-Wörter, die unter dem zu erklärenden Wort auf einer Karte stehen, darf man dafür nicht benutzen. Auch bei diesem Spiel ist es wichtig, die Regeln dem Können der Spieler anzupassen.
- Ihr Kind soll ohne Zeitdruck erklären dürfen.
- Die Einteilung in gegnerische Gruppen ist nicht sinnvoll, weil dadurch ein zu großer Erfolgszwang entsteht.

- Das Spiel enthält viele Begriffe, die „peinlich" sind; diese sollten aussortiert werden. Für jüngere Kinder können auch gezielt geeignete Karten herausgesucht werden.

Ziel ist es, dass Ihr Kind sich traut, etwas zu beschreiben. Wenn es an der Reihe ist, muss es sich also etwas einfallen lassen, um seinen Mitspielern zu helfen, den Begriff zu erraten. Das im Alltag eingesetzte „Ich weiß das nicht, ich kann das nicht." wird nur in Ausnahmefällen akzeptiert. Besser ist es dann, dass Ihr Kind sich einen neuen Begriff aussucht, den es erklärt.

Viele Dinge und 1000 Namen
Bei diesen beiden Spielen wird ein Anfangsbuchstabe vorgegeben. Die Spieler müssen auf Bildern etwas finden (was sie sehen oder was ihnen dazu einfällt), das mit diesem Buchstaben beginnt.

Wort Fix
Aufgabe ist es, zusammengesetzte Wörter zu bilden. Dazu werden jeweils zwei Buchstaben vorgegeben, die Anfangsbuchstaben der beiden Wortstämme. Wer als Erster ein sinnvolles Wort sagt, bekommt die Karten.
Beispiel: R und K – Rotkehlchen, Rhabarberkuchen, Riesenkrake

6.3.2. Wahrnehmung und Kombination

Viele LRS-Schüler haben die Gabe, Bilder mit einem Blick zu erfassen. Häufig denken sie auch in Bildern und nicht linear (also etwa in einer Art Selbstgespräch) – im Gegensatz zu den meisten anderen Menschen. Diese Art zu denken ist viel schneller und komplexer, lässt sich aber schwer auf die Schriftsprache übertragen, da ja alles auf einmal da ist (gesehen und gedacht), man aber nur ein Wort zur selben Zeit sagen oder schreiben kann. Diese Kinder lieben Spiele wie Set oder Sambesi, weil sie hier ihre Begabung (meist unbewusst) nutzen können.

Set
Aus verschiedenen Karten, die Symbole in unterschiedlicher Zahl, Farbe, Füllung und Form enthalten, müssen nach einem bestimmten Prinzip Dreierkombinationen gefunden werden. Überblick und Kombinationsvermögen werden gefördert.

Sambesi
Bei diesem Kartenspiel muss zu vielen ähnlichen Bildkarten jeweils das Spiegelbild gefunden werden. Wer es zuerst entdeckt, bekommt die Karten.

Speed
Dies ist ein schnelles Kartenspiel für zwei Spieler. Karten, die Symbole in unterschiedlicher Zahl, Farbe und Form enthalten, müssen nach einem bestimmten Prinzip so schnell wie möglich abgelegt werden.

6.3.3. Bälle zum Lernen
Als Abwechslung zum Arbeiten mit Papier und Stift am Tisch bieten sich besonders gut Übungsabschnitte mit Bällen an. Am besten geeignet sind Kooshbälle oder Reissäckchen, denn sie sind weich und leicht.

Abc
Das Abc wird vorwärts oder rückwärts aufgesagt. Wer den Ball hat, sagt den jeweiligen Buchstaben und wirft zu einem Mitspieler. Bei mehr als zwei Spielern müssen immer alle aufpassen. Sind Sie mit Ihrem Kind allein, wird das „Runterleiern" der Abfolge unterbrochen – und beim Rückwärtssagen muss sich jeder konzentrieren.

Vorsilben, Nachsilben
In alphabethischer Reihenfolge werden Wörter mit bestimmten Vor- oder Nachsilben gebildet. Diese Übung schult sehr gut das Gespür dafür, ob eine Buchstabenfolge Vorsilbe, Nachsilbe oder Teil des Wortstammes ist. Für die Rechtschreibung ist das eine große Hilfe. Besonders geeignet sind z. B. vor-, ver-, ge-, be-, -ieren.
Beispiel: Vorahnung, Vorbau, Vordach, voreilig ...
annoncieren, balancieren, diskutieren, eliminieren ...

Versuchen Sie, immer viel Abwechslung in die Übungen zu bringen, denn richtiges Schreiben lernt ein LRS-Schüler nicht durch pausenloses Schreiben von Wörtern, deren Schreibweise er nicht versteht. Er muss verstehen, ein Gespür entwickeln und mit Freude anwenden, was er lernt. So verfestigt sich, was er weiß und wird auch in unterschiedlichen Situationen abrufbar sein.

Teil 2
Das Lernprogramm für intelligente LRS-Schüler begleiten

Das „Intelligente LRS Schüler – Lernprogramm"[34] ist ein Arbeitsbuch, das von LRS-Kindern selbstständig bearbeitet werden kann. Es dient als Leitfaden, um die Rechtschreibung von Grund auf zu erlernen und eignet sich für Schüler ab der 5. Klasse bis zum Abitur; selbst Erwachsene können damit arbeiten. Jüngere Schüler brauchen normalerweise mehr Zeit und Anleitungen, Abiturienten werden nach wenigen Stunden mit den Regeln und Vorgehensweisen vertraut sein.

Machen Sie sich Folgendes bewusst: LRS-Schüler haben keine Defizite bei einzelnen Schwerpunkten, sondern bei den Grundlagen. Sie können nichts, was darauf aufbaut, wirklich verstehen. Um erfolgreich die Rechtschreibung zu erlernen, ist es darum entscheidend, dass jeder einzelne Abschnitt des Lernprogramms wirklich verstanden werden muss, bevor der nächste bearbeitet wird. Manchmal handelt es sich um Feststellungen wie: „Warum hat mir das vorher keiner gesagt?" oder: „Ach, so einfach ist das!" Manchmal braucht ein Kind aber auch verschiedene Erklärungen und Übungen, um einen Schritt wirklich zu begreifen. Und manchmal beherrscht es das Geforderte und kann sofort mitmachen.

Dieser Teil begleitet Sie schrittweise durch das Lernprogramm, daher entsprechen sich die Nummerierungen der Überschriften. Das bedeutet, 1.1 bezieht sich auf Kapitel 1.1. im Lernprogramm, 2.2 auf Kapitel 2.2. usw. Nur bei 4.3. gibt es Abweichungen, da dort mehrere Punkte zusammengefasst dargestellt werden.

Sie erhalten zu jedem Kapitel Zusatzmaterial wie Tipps, Methoden, Spiele, Taktiken und Wortlisten. Damit können Sie Ihr Kind beim Bearbeiten des Lernprogramms ideal unterstützen.

---

34 Livonius, Uta: Intelligente LRS-Schüler – Lernprogramm. Hamburg: AOL-Verlag 2014.

1. Grundlagen

Schüler sollten einige grundlegende Begriffe und Fertigkeiten kennen, bevor sie mit dem eigentlichen Lernprogramm beginnen. Daher ist es für Grundschüler nicht geeignet. Schön wären der sichere Umgang mit dem Alphabet (der leider meist fehlt) sowie das Erkennen von Vokalen (Selbstlauten), Konsonanten (Mitlauten) und Silben. Ebenso sollten einige Fachausdrücke aus der Grammatik bekannt sein, wie z. B. „Nomen" (Namenwort), „Verb" (Tätigkeitswort), „Adjektiv" (Eigenschaftswort), „Singular" (Einzahl), „Plural" (Mehrzahl) und „Infinitiv" (Grundform des Verbs).

1.1. Fachbegriffe

Bis zur 4. Klasse werden diese Voraussetzungen im Allgemeinen geschaffen und bereiten Fünftklässlern normalerweise keine Probleme, auch wenn die Fachbegriffe manchmal schwer zu merken sind. Bedenken Sie aber bitte, dass es nicht ausreicht, wenn Ihr Kind weiß, dass ein Nomen ein Namenwort ist. Fragen Sie, was das bedeutet und woran man es erkennt. Achten Sie darauf, dass Ihr Kind sich nicht mit Antworten wie „Das ist doch kinderleicht!" oder „Weißt du das etwa nicht?" davor drückt, etwas zu erklären, bzw. versucht, sein Nichtwissen zu vertuschen. Es muss aber jederzeit erlaubt sein, alles nachzufragen, auch wenn es schon hundert Mal erklärt wurde. Sie können auch gemeinsam in der Schulgrammatik Ihres Kindes oder einem anderen Grammatikbuch nachsehen.
Viele LRS-Schüler sind Grammatikfans, weil hier die Rechtschreibung nicht so wichtig ist. Ihnen fällt es leicht, die Verbindung zwischen Grammatik und Rechtschreibung zu nutzen, wenn sie geeignete Erklärungen dazu erhalten. Einige LRS-Schüler finden Deutsch (und oft auch Fremdsprachen) aber generell doof. Sie haben sich vielleicht noch nie die Mühe gemacht, wirklich aufzupassen, wenn es um Grammatik ging. Diese Kinder sollen jetzt nicht gezwungen werden, alle Fachbegriffe aus dem Lernprogramm (unter Kapitel 1.1.) zu lernen. Es geht vielmehr darum, ihnen die Sicherheit zu geben, dass sie jederzeit schnell nachsehen können, was ein Fachbegriff bedeutet. Fragen Sie immer wieder nach, wenn so ein Begriff im Text auf-

taucht. „Was ist denn überhaupt ein Nomen?" „Was ist daran so besonders?" Lassen Sie sich immer wieder Beispiele nennen, lesen Sie gemeinsam nach und haben Sie Geduld, wenn nicht alles stimmt.
Bitte lesen und bearbeiten Sie diese Liste mit Fachbegriffen nicht. Ihr Kind muss nur wissen, wo es nachschauen kann, wenn ihm ein Begriff unklar ist.

Vokale und Konsonanten
Als Voraussetzung für die Rechtschreibung muss der Unterschied zwischen Vokalen und Konsonanten zwingend bekannt sein. Zu den wichtigsten Regeln zählen schließlich die Konsonantenverdoppelung und die Dehnung der Vokale. Um bei diesen ohnehin komplizierten Begriffen keine Verwirrung zu erzeugen, muss sichergestellt sein, dass Ihr Kind weiß, wer verdoppelt oder gedehnt werden soll.
Vokale (Selbstlaute) klingen allein/selbst (a, e, i, o, u), während Konsonanten (Mitlaute), um laut zu klingen, mit einem Vokal verbunden werden (be, ef, ha). Zu den Vokalen zählen auch die Umlaute (ä, ö, ü) und die Diphthonge/Doppellaute (au, ei, ai, eu, äu).
Natürlich hat Ihr Kind das gelernt und müsste es auch wissen, aber das spielt keine Rolle. Besprechen und üben Sie die Unterschiede, bis sie klar sind. Es ist egal, mit welchen Mitteln sie es tun, besprechen, malen, kneten, bewegen, singen oder anders, ob in Lernstunden oder beim Autofahren: Das Ergebnis zählt. Sie haben, im Gegensatz zu Lehrern, die Möglichkeit, wirklich ganz individuell zu erklären und zu üben.

1.2. Lange und kurze Vokale

Vermeiden Sie Missverständnisse. Das O von Oma ist genauso rund wie das von Otter, man sieht keinen Unterschied. Dennoch wird gesagt, das eine ist lang, das andere ist kurz. Ähnliches passiert häufig. Wer seinen Finger in einen Eimer mit blauer Farbe steckt, wird keinen Temperaturunterschied zu roter Farbe feststellen, trotzdem bezeichnet man diese Farben als kalt und warm. Immer wieder geschieht es, dass wegen solcher Missverständnisse das sinnvolle Weiterarbeiten nahezu unmöglich wird. Der eine meint, es wäre alles klar definiert, der andere wundert sich nur oder bastelt sich eine eigene Erklärung zusammen. Fragen Sie Ihr Kind genau, was es unter kurzen und langen Vokalen versteht.

In Kursen von drei bis sechs Schülern ist manchmal einer dabei, der vermutet, dass es bei der Frage „Kurzer oder langer Vokal?" um das Sprechen oder Hören und nicht um das Aussehen geht. Im Allgemeinen ist es bei Schülern mit LRS in der 5. und 6. Klasse aber so:

- Die meisten hören zum ersten Mal, dass es kurze und lange Vokale gibt.
- Wenige können kurze und lange Vokale sofort unterscheiden.
- Viele können kurze und lange Vokale nach Erklärung und einiger Übung unterscheiden.
- Einige brauchen viele verschiedene Methoden und lange Zeit, bis sie kurze und lange Vokale unterscheiden können.
- Keiner kennt den Zusammenhang zwischen kurzen und langen Vokalen und der Rechtschreibung.

Warum ist das so wichtig?

Ist der „wichtigste" Vokal im Wort kurz oder lang?

Die erste entscheidende Frage für die richtige Schreibweise deutscher Wörter lautet: Ist der „wichtigste" (= der erste betonte) Vokal im Wort kurz oder lang? Danach richtet sich alles andere. Wer diese Frage nicht sicher beantworten kann, ist aufgeschmissen, wenn es um Rechtschreibregeln geht. Viele Menschen, so auch die meisten Erwachsenen, haben sich nie Gedanken darüber gemacht, dass es kurze und lange Vokale gibt. Wer intuitiv richtig schreibt („Das hört man doch."), muss den Unterschied nicht bewusst kennen. Kinder mit LRS schreiben aber nicht intuitiv alles richtig. Entweder sie kennen die Wörter („Sieht gut aus.") oder sie raten. Sie haben aber die allerbesten Voraussetzungen, jetzt sichere Rechtschreiber zu werden, wenn sie (bislang) von kurzen und langen Vokalen keine Ahnung hatten. Sie können mit Ihrem Kind diese Unterschiede herausfinden. Vielleicht gelingt Ihnen das in gemeinsamer „Detektivarbeit", wenn diese Unterscheidung auch für Sie neu ist. Der Ursprung aller Rechtschreibprobleme liegt in den meisten Fällen genau hier.

Der Ursprung aller Rechtschreibprobleme

Sobald die langen und kurzen Vokale erkannt werden können, ergibt sich so vieles fast von allein, dass die Rechtschreibung ihren Schrecken schnell verliert. Sie wird durchschaubar und damit be-

herrschbar. Wer die Frage: „Kurzer oder langer Vokal?" stellt und richtig beantwortet, kann nach Rechtschreibregeln schreiben. Wer kurz und lang nicht unterscheiden kann, hat dagegen weder bei Konsonantenverdoppelung noch beim Dehnungs-h eine Chance.
Das bedeutet, er müsste jedes Wort einzeln erlernen – und es gibt viele. Nehmen Sie sich daher die Zeit, um mit Ihrem Kind herauszufinden, wie es die Unterschiede am sichersten erkennen kann. Sie brauchen dafür weder einen Arbeitsplatz noch Papier. Sie brauchen Fantasie, Geduld und, falls Ihr Kind Schwierigkeiten hat, die Unterschiede zu erkennen, ein paar zusätzliche Ideen.

Wie jeder kurze und lange Vokale unterscheiden kann

Eigentlich ist es merkwürdig, dass wir für zwei ganz unterschiedliche Laute nur einen Buchstaben benutzen.

- Lange Vokale kann man ganz lang sprechen, trotzdem klingt das Wort gut.
- Kurze Vokale spricht man abgehackt.
- Lange Vokale klingen so, wie sie heißen, nämlich a, e, i, o, u, ä, ö, ü.
- Kurze Vokale klingen eher so, wie man sich die Laute von Urwaldäffchen vorstellt.
- Kleine Geschwister lesen manchmal komisch, weil sie oft nur die langen Vokale benutzen.
- Wenn man kurze Vokale lang spricht, klingt das Wort komisch.

Beispielwörter verdeutlichen, wie es gemeint ist:

langer Vokal	kurzer Vokal
Ameise, Rasen, Wal, Blase	Affe, Ratte, Wald, Bank
Esel, Leben, Nebel, Rede	Ente, Kette, Test, Senf
Igel, Tiger, Mine, Biber	Insel, Linse, Bild, Rinne
Oma, Sofa, Rose, Los	Otter, Wolke, Tonne, Dorf
Ufer, Pudel, Glut, Mut	unten, Luft, Wurst, Flunder
Käse, Käfer, Säge, jäten	Ärmel, älter, Kämme, Lärm
Öl, König, böse, Möbel	können, Böller, völlig, plötzlich
Übel, Krümel, Tür, Düse	Küste, Kümmel, Türme, Müll

Wenn Ihr Kind das verstanden hat, fängt es mit Übungen dazu an. Es soll dabei laut sprechen, denn es muss ja hören, ob ein Wort, mit langem Vokal gesprochen, gut oder komisch klingt. Am schwierigsten ist das a, weil man den Unterschied schwer hört. Beim langen a kann man aber den Mund ganz weit aufmachen, beim kurzen nicht, das hilft vielen. Wenn ein Kind damit noch nicht zurechtkommt, müssen andere Methoden gefunden werden, damit der Unterschied lang – kurz klar wird.

Zusätzliche Methoden zum Erkennen langer und kurzer Vokale

- Beim Sprechen eines langen Vokals kann man einen langen Schritt machen, weil genügend Zeit ist.
- Beim Sprechen eines kurzen Vokals kann man nur einmal kurz hüpfen.
- Kinder, die Instrumente spielen, kennen ganze Noten (beim Klavier Pedal) für lange Vokale, Achtelnoten oder Stakkato für kurze Vokale.
- Vor dem Spiegel sieht man:

	langer Vokal	kurzer Vokal
a	Mund weit auf	gelangweilter Gesichtsausdruck
e	grinsen möglich	gelangweilter Gesichtsausdruck
i	grinsen möglich	gelangweilter Gesichtsausdruck
o	Man kann den Finger nicht in den Mund stecken. (Kinder, die im Chor singen, können es aber oft.)	Man kann den Finger in den Mund stecken.
u	Man kann den Finger nicht in den Mund stecken.	Man kann den Finger in den Mund stecken.

- Mit Knete werden schöne, dicke, wunderbare lange Vokale geformt. Die kurzen sind klein, hässlich und mickerig. Schreiben Sie auf ein großes Blatt je ein Wort etwa in der Größe der Knetvokale. Ihr Kind soll jetzt entscheiden, welchen selbst geformten Vokal es auf den geschriebenen legt. Klingt er schön, dick und wunderbar oder klingt er klein, hässlich und mickerig? Wenn das gut gelingt, können Sie auch kleiner geschriebene Wörter vorlegen oder sprechen. Ihr Kind soll den richtigen (langen oder kurzen) Knetvokal dazu zeigen und sagen, wie er klingt.
- Lassen Sie Ihr Kind für jeden Vokal je ein Beispielwort für lang und kurz aussuchen. Schreiben Sie sie auf Karteikarten. Hier können farbige Karten helfen. Zum Beispiel werden die Wörter mit langem Vokal auf rote

1. Grundlagen

Karten geschrieben, die mit kurzem auf grüne. Schreiben Sie zusätzlich „lang" bzw. „kurz" auf die Karten. Bei Unsicherheiten vergleicht das Kind den Klang des Wortes, das es bearbeitet, mit dem Klang der Wörter auf den Beispielkarten. Diese Karten können zur Unterstützung so lange verwendet werden, bis Ihr Kind sie nicht mehr braucht.

- Erstellen Sie je eine Liste mit Beispielwörtern für lange und kurze Vokale (entsprechend der Tabelle mit Beispielwörtern weiter oben in diesem Kapitel). Auf einer Karteikarte (eine Seite für Wörter mit langen Vokalen, die andere für Wörter mit kurzen Vokalen) können die Wortlisten jederzeit zum Vergleich benutzt werden. (Klingt das u in Lupe wie das in Blut [lang] oder wie das in Luft [kurz]?)

Wichtig ist, dass, natürlich mit einiger Übung, die Vokale klar als lang oder kurz erkannt werden können. Bisher hat es jeder geschafft. Bei schwierigen Fällen kann es allerdings wirklich lange dauern. Länger als acht Schulstunden habe ich nie gebraucht; ein bis zwei Stunden sind die Regel. Wenn Sie dennoch das Gefühl haben, dass Ihr Kind keinerlei Fortschritte macht, sollten Sie noch einmal einen Ohrenarzt aufsuchen. Es macht nämlich überhaupt keinen Sinn, mit dem Lernprogramm weiterzumachen, also eigentlich zu beginnen, wenn Ihr Kind diesen Unterschied nicht erkennen kann.

Wenn Ihr Kind den Unterschied (lang/kurz) nicht sicher kannte und ihn jetzt kennt, können Sie davon ausgehen, dass hier der Ursprung der Rechtschreibprobleme lag. Schlimmer wird es mit Verständnisfragen und Üben nicht mehr. Dies ist die größte Hürde auf dem Weg zur sicheren Rechtschreibung gewesen. Wenn Sie es geschafft haben, mit Ihrem Kind das zu erarbeiten, sollten Sie weitermachen, denn Sie werden sehr schnell merken, wie sehr es sich lohnt.

> Die größte Hürde auf dem Weg zur sicheren Rechtschreibung ist geschafft.

Einige Schüler kennen die Regel, dass nach einem kurzen Vokal zwei Konsonanten folgen, und zählen daher bei den schriftlichen Übungen die Konsonanten. Sind es zwei oder mehr, machen sie einen Punkt unter den Vokal, ist es einer, machen sie einen Strich. Wenn das so ist, müssen Sie mehr mündlich üben oder ein paar „gemeine" Wörter einbauen, die sich nicht nach dieser Regel richten (z. B.: Buch, Mond, Dusche, die alle mit langem Vokal gesprochen werden), um Aufmerksamkeit zu erzeugen. Sie haben ja die Möglichkeit, bei Ihrem Kind genau zu ergründen, wie es die Aufgaben löst. Es geht niemals darum, einen Zettel fertig zu bearbeiten, sondern immer nur darum, wirklich zu verstehen.

Für diese Übungen reicht es normalerweise, Nomen zu benutzen, mündlich oder schriftlich, denn es geht ausschließlich um den Klang des wichtigen (des ersten, betonten) Vokals. Das Hören des Unterschieds soll geschult werden, damit daraufhin Regeln angewendet werden können. Wortlisten zum Üben finden Sie im Lösungsteil des Lernprogramms.

Die größten Schwierigkeiten bereiten Vokale, denen ein r folgt, zumindest in Norddeutschland. Wenn man statt Kerl „Keerl" und statt Park „Paak" sagt, ist das verständlich. Bitten Sie Ihr Kind, das r wirklich zu sprechen. Es merkt dann, dass es mit langem Vokal gar nicht möglich ist, ohne Mund oder Zunge zu verrenken.

2. Überprüfen der Rechtschreibung

Da LRS-Schüler grundsätzlich eine Abneigung dagegen haben, das von ihnen Geschriebene noch einmal anzusehen, ist einige Überzeugungsarbeit gefragt, wenn es um die Kontrolle von Selbstgeschriebenem geht. Bevor die Rechtschreibregeln gelernt werden, sollten Sie mit Ihrem Kind ein paar Dinge einüben, die es eigentlich können sollte, die es vielleicht nie nutzt („Ich mache ja sowieso immer alles falsch."), die aber enorm hilfreich sind.

2.1. Silben

Silben kennen die meisten Kinder aus der Grundschule. Dort wurden Silben geklopft oder geklatscht, um die Unterteilung langer Wörter in Sprechsilben zu verdeutlichen. Als Unterstützung zur Rechtschreibung erweisen sich Silbenbogen als sinnvoll. Sie werden als Bogen unter ein Wort gemalt; ein Bogen schließt dabei jeweils eine Sprechsilbe vom ersten bis zum letzten Buchstaben ein. Manchmal besteht eine Silbe sogar nur aus einem Buchstaben, z. B.: I-gel, E-ber, Ma-ri-a. Im Unterschied zu den Trennungsregeln werden beim Silbengliedern wirklich alle Sprechsilben abgetrennt, also auch die, die nur durch einen Buchstaben repräsentiert werden. Man folgt dabei grundsätzlich dem Sprechrhythmus und nicht den künstlichen Trennungsregeln. Lassen Sie Ihr Kind das bei langen Wörtern ausprobieren. (Es gibt keine Silbe mit mehr als zehn Buchstaben.) Damit lassen sich lange Wörter herrlich in übersichtlichere Einheiten gliedern, die man relativ einfach auf Richtigkeit überprüfen kann. Erkennt Ihr Kind die Silben nicht sofort, probieren Sie verschiedene Methoden aus.

Silben erkennen

- Klatschen oder klopfen: Für jede Sprechsilbe wird einmal geklatscht oder auf den Tisch geklopft.
- Schritte machen: Je mehr Silben ein Wort hat, desto weiter kommt man.
- Ball werfen: Stellen Sie sich Ihrem Kind gegenüber. Wer den Ball hat, sagt eine Silbe und wirft den Ball dem Mitspieler zu. So wird hin- und hergeworfen, bis das Wort „fertig" ist.

- Beim Seil- oder Trampolinspringen werden ganze Sätze in Silben zerlegt, indem bei jedem Sprung eine Silbe gesprochen wird.
- Jede eigene Erfindung, bei der diese Wortunterteilungen vertieft werden, ist genauso gut.

2.2. Verwandte

Was ist damit gemeint? Wenn Kinder nach einem Verwandten von „er läuft" gefragt werden, lauten die Antworten: „er säuft, er rennt, ich laufe, Läufer ..."
Gesucht werden hier Wörter, die zu der Wortfamilie gehören. Entscheidend ist der gemeinsame Wortstamm, aber das braucht Ihr Kind jetzt noch nicht unbedingt zu wissen. Verwandte Wörter klingen ähnlich und haben ähnliche Bedeutungen, hier also: „ich laufe, Läufer ..."
Hier geht es um die Frage, ob zu einem Wort mit ä bzw. äu ein verwandtes mit a bzw. au existiert. Alle anderen Buchstaben des wichtigen Wortteils (= Wortstamm) bleiben gleich.
Einige Kinder finden diese Übung ganz einfach, andere mühen sich sehr. Hier geht es nur um das Prinzip, nicht um Perfektion. Versuchen Sie immer wieder, gerade auch bei Hausaufgaben oder Berichtigungen, verwandte Wörter zu finden, wenn das bei der Schreibung weiterhilft.

Übungswörter

mächtig – Macht, ständig – Stand, gelähmt – lahm, kämmen – Kamm, Fläche – flach, Wächter – wachen, rächen – Rache, zählen – Zahl, prächtig – Pracht, Fähre – fahren, gären – gar, erklären – klar, nähen – Naht, Bäcker – backen, Päckchen – packen
Räuber – Raub, Läufer – Lauf, vertäuen – Tau, Fäulnis – faul, gräulich – grau, häuslich – Haus, Mäuerchen – Mauer, Bäuerin – Bauer, bestäuben – Staub, kräuseln – kraus, häufig – Haufen

2.3. b/p, d/t, g/k

Einige Kinder haben Schwierigkeiten, b und p, d und t sowie g und k am Wortanfang oder in der Wortmitte sicher zu unterscheiden. Besonders Kinder, die undeutlich sprechen oder lispeln, sind betroffen. Es ist ihnen vielleicht peinlich, es zuzugeben, aber mit einer Übung dazu haben sie eine Chance, für sich herauszufinden, dass es auch ohne das „Das hört man doch." machbar ist, Unterschiede festzustellen und diese Laute auseinanderzuhalten:

Wenn man wollte, könnte man beim Aussprechen des ersten Buchstabens solcher Wörter spucken (will man aber nicht!):
gilt für Wörter mit p, t, k

Selbst wenn man wollte, könnte man beim Aussprechen des ersten Buchstabens solcher Wörter nicht spucken:
gilt für Wörter mit b, d, g

Wenn Ihr Kind mit diesen Lauten Probleme hat, probieren Sie es aus. Wenn man die Hand in ungefähr 20 Zentimeter Entfernung vor den Mund hält, spürt man beim Sprechen von p, t und k einen deutlichen Lufthauch. Verdeutlichen lässt sich das, indem das Kind eine kleine Feder, ein Wattebällchen oder einen kleinen Papierschnipsel auf die Hand (oder eine Fläche vor sich) legt. Der Lufthauch bewegt diese kleinen „Helfer" und wird so zusätzlich sichtbar. Schreiben Sie Beispielwörter auf Karteikarten. Je eine Karte oder Kartenseite für die „harten" (p, t, k) und eine für die „weichen" (b, d, g) Konsonanten. So kann Ihr Kind mithilfe dieser Wörter vergleichen und ausprobieren, wie sich die Unterschiede anhören und anfühlen, bis es diese Unterstützung nicht mehr braucht.

2.4. Verlängern

Wie kann man überprüfen, wie ein Wort am Ende geschrieben wird (b/p, d/t, g/k) und ob es einen Doppelkonsonanten, ein e oder ä, eu oder äu enthält?
– Klar, verlängern. Das wissen viele theoretisch. Was dieses Verlängern bedeutet, was es für Einsichten bringt, ist etwas anderes. Ein Kind, das „ver-

längern" sagt, hat nicht zwangsläufig die Vorgehensweise oder den Nutzen begriffen. Lassen Sie sich also von Ihrem Kind detailliert, auch anhand von Beispielen, erklären, was es mit dem Verlängern auf sich hat. Verlängert werden nur Nomen, Verben und Adjektive (sind die Wortarten bekannt?), jede dieser Wortarten auf ihre eigene Weise. Alle anderen Wortarten, z. B. Artikel, Pronomen, Adverbien, richten sich sowieso nicht streng nach den Rechtschreibregeln und werden auch nicht verlängert.

Diese Methode sollte jeder Schüler in der 5. Klasse beherrschen, da sind diejenigen mit LRS keine Ausnahme:

- Nomen: Singular – Plural (Was bedeutet das?)
  - Beispiel: Korb – Körbe
- Verben: Infinitiv (Was bedeutet das?)
  - Beispiel: er fällt – fallen
- Adjektive: Steigerung (Was bedeutet das?)
  - Beispiel: schnell – schneller

Mit den Übungen probiert das Kind aus, wie der Vorgang im Gehirn ablaufen soll:
Frage – Wort verlängern – Aha – richtig schreiben
Wie schreibt man „Stoff" am Ende? – „Stoffe" – also mit ff
Wie schreibt man „rennt"? – „rennen" – also mit nn
Wie schreibt man „bunt" am Ende? – „bunter" – also mit t

Diese Kontrolltechnik ist nicht so schwierig wie die Suche nach verwandten Wörtern. Die Methoden sind in der Grundschule meist intensiv geübt worden und auch von LRS-Schülern gut zu verstehen und anzuwenden. Hier ist eher das Problem, dass die Kinder keine Lust haben. Schreiben ist blöd und anstrengend und wenn man endlich damit fertig ist, will man auch nichts mehr damit zu tun haben.

> Einige Schüler verlängern zwar richtig, schreiben das Wort aber trotzdem falsch.

Einige Schüler verlängern zwar richtig, schreiben das Wort aber trotzdem falsch. Sie haben den Zusammenhang nicht verstanden. Erklären Sie geduldig und fragen Sie nach, was Ihr Kind tut und warum es das tut.

2. Überprüfen der Rechtschreibung

Natürlich ist es das Langzeitziel, dass ein Kind schon während des Schreibens aufmerksam ist und bei schwierigen Wörtern (mal eben kurz) über die Verlängerung nachdenkt.
Jetzt ist das aber noch zu viel verlangt. Üben Sie mit Ihrem Kind das gezielte Verlängern bei Berichtigungen oder wenn Wörter bei den Hausaufgaben schwierig erscheinen. Im Moment ist allerdings fast jedes Wort schwierig und wenn man nur verlängert, kommt man gar nicht mehr voran.

2.5. Mitsprechen

Diese Methode ist für viele LRS-Schüler eine Offenbarung. Sie haben anscheinend noch nie bewusst eine Verbindung zwischen Denken und Schreiben wahrgenommen.

> LRS-Kinder denken oft viel schneller, als sie sprechen können.

LRS-Kinder denken oft viel schneller, als sie sprechen können und verhaspeln sich daher oder lassen Wörter aus. Wie soll so ein Schnelldenker, der außerdem nur mühsam schreibt, im gleichen Rhythmus denken und schreiben? Das ist wirklich eine Herausforderung. Egal was Ihr Kind schreibt, es soll versuchen, laut mitzusprechen. Zuerst ist es mit einzelnen Nomen genug gefordert. Wichtig ist, dass zur Übung lautgetreue Wörter geschrieben werden. Bei diesen Wörtern hört man jeden Laut so, wie er auch geschrieben wird. Schwierigkeiten, wie z. B. das stumme Dehnungs-h, würden verwirren und Ihr Kind bestätigen, wenn es meint, diese Übung nütze sowieso nicht. Wenn es Ihrem Kind gelingt, sicher jedes (lautgetreu geschriebene) Nomen beim Schreiben mitzusprechen, bzw. beim Sprechen mitzuschreiben, gehen Sie zu ganzen Sätzen über.
Mein Lieblingswort für diese Übung ist „Arzt". Jedes Kind weiß, das ist irgendwie schwierig und kompliziert. Irgendetwas mit t und z. Bei der Mitsprechübung geht es bis zum r gut. Dann wird auf „Hilfe, schwierig" geschaltet und meistens „Artzt" geschrieben.
Wer wirklich konsequent das Mitsprechen anwendet, lässt bald keine Buchstaben mehr aus, denn jeder Buchstabe (Laut), der gedacht oder gesprochen wird, wird ja auch geschrieben. Das gilt besonders für die Wortenden, bei denen LRS-Kinder häufig die letzten Buchstaben weglassen, weil sie in Gedanken schon viel weiter sind.

Haben Sie viel Geduld, gerade wenn Ihr Kind zu den Schnelldenkern gehört. Es ist wahrscheinlich eine komplett neue Art zu schreiben und eine solche Umstellung kann nicht von einem Tag auf den anderen gelingen. Üben Sie diese Technik immer wieder, besonders bei langen Wörtern. Erinnern Sie Ihr Kind bei Hausaufgaben daran. Hören Sie zu, wenn es mitspricht und kontrollieren Sie, ob Sprechen und Schreiben wirklich im gleichen Rhythmus geschehen.

Wenn es ganz schwierig für Ihr Kind ist, helfen Sie ihm, indem Sie sprechen, während es jeden gesprochenen Buchstaben (Laut) schreibt oder indem Sie jeden Buchstaben (Laut) aufschreiben, den es (deutlich) spricht. Wenn so die Technik klar wird, lernen es auch diejenigen, die meinten, dass es unmöglich ist, beim Schreiben mitzusprechen.

Lautgetreue Übungswörter
Nagel, Blume, Leben, Kastanie, Jubel, Hose, Gartenzaun, Flügel, Dosen, Sauberkeit, Ameisenhaufen, Polarkreis, Reisetasche, Oberbürgermeister, Hafenmauer, Tageszeitung, Rasensprenger, Eisenwaren, Kartenlegerin, Malerpinsel

2.6. Korrekturlesen

Korrekturlesen muss sein, auch wenn es lästig ist. Ein Text ist geschrieben, egal ob Brief, Hausaufgaben oder Klassenarbeit. Es war harte Arbeit, es ist erledigt und damit abgeschlossen. „Bloß weg damit. Das will ich nie wieder sehen. Wird ja sowieso wieder eine Fünf oder Sechs." Das sind verständliche Gefühle, obwohl es nicht so schlimm sein müsste. Ob sich der Aufwand des Korrekturlesens für die Möglichkeit lohnt, eine Vier zu bekommen, testet ein rechtschreibschwaches Kind gar nicht erst.

„Es geht immer so schnell. Ich habe gar keine Zeit zum Durchlesen." So etwas höre ich bis in die oberen Klassen. Ob es vielleicht möglich wäre, die Lehrer um mehr Zeit zu bitten? Aber so ist es besser. Nur weg mit dem blöden Text! Und die Lehrer sind schuld, weil sie einen ja nicht lassen (was man sowieso nicht will).

Es empfiehlt sich, zuerst einmal für kurze Texte, Ihr Kind umzustimmen. Hier geht es nicht darum, ein Diktat zu schreiben, sondern darum zu lesen und zu überprüfen, was man geschrieben hat. Überfordern Sie Ihr Kind nicht damit. Es ist besser, nur einen Satz zu schreiben, diesen wirklich gründlich zu korrigieren und zu merken, dass man aus eigener Kraft (fast) fehlerfrei schreiben kann, als den Mut zu verlieren, weil es so mühsam ist.

Wichtig ist, dass Sie Ihr Kind erst einmal anhand der Liste (aus Kapitel 2.6. im „Lernprogramm") allein korrigieren lassen. Es kann die Wörter, bei denen es nicht sicher ist, herausschreiben. Helfen Sie dann bei Bedarf mit kleinen Tipps: Kann man das verlängern? Probier es mal mit Mitsprechen.

Das Ziel ist, dass Ihr Kind merkt, dass es viele Wörter richtig schreiben kann und dass es lernt, die Wörter, die ihm Schwierigkeiten bereiten, zu erkennen. In höheren Klassen ist es manchmal erlaubt, ein Wörterbuch zu benutzen. Dann ist es wichtig, schnell herauszufinden, was man nachschlagen möchte.

Das Schreiben ist viel schneller erledigt als ein so ausführliches Korrekturlesen. Manchmal ist es sinnvoll, einen korrigierten Text noch einmal abzuschreiben. Wenn es wirklich nur wenige Sätze sind, sieht man dann, wie gut man war.

Wer diese Korrekturmethode anwendet, schreibt am besten nur in jede zweite Zeile, damit Haken, Silbenbogen und Verbesserungen Platz haben. Das Ergebnis kann sich sehen lassen. Es ist in jedem Fall deutlich besser als „normal" und könnte wohl mit manchen Arbeiten der Klassenkameraden konkurrieren. Verlangen Sie aber deshalb nicht, dass Ihr Kind von nun an alles so durcharbeitet. Es ist und bleibt lästig und anstrengend, eine scheinbar unüberwindbare Hürde. Von Zeit zu Zeit sollten Sie aber kurze Texte (von zwei bis sechs Zeilen) so üben. Dabei geht es nicht darum, das Diktatschreiben zu üben, sondern darum, das Korrekturlesen zu üben. Das sollte Ihrem Kind ganz klar sein. Die Erfolge dabei sollen Mut machen, daher ist hier wirklich viel Lob angebracht.

Bessere Schrift durch den richtigen Stift

„Wichtig ist, dass man sieht, dass du überzeugt bist, es richtig gemacht zu haben. Also niemals so rumschmieren, dass der Lehrer entscheiden muss, was du gemeint haben könntest. Das ist normalerweise sowieso ein Fehler."

Oft plagen sich Kinder mit ihren Stiften. Man muss immer schütteln, damit Tinte fließt, oder den Stift ganz komisch halten, damit er überhaupt schreibt. Einige Füller kratzen so schrecklich über das Papier, dass man davon eine

Gänsehaut bekommt. Das behindert den Schreibfluss. Wer seinen Stift oder Füller mag und sich beim Schreiben damit wohlfühlt, schreibt automatisch besser. Hier gibt es immer wieder einen wunderbaren Effekt, wenn ein Kind einen neuen Stift bekommt, den es selbst ausprobiert hat. Jeder, auch der Verfasser, kann plötzlich alles viel besser lesen. Nehmen Sie sich also die Zeit und kaufen Sie gemeinsam mit Ihrem Kind einen neuen Stift/Füller, vielleicht auch als Belohnung dafür, dass es bis hierher im Lernprogramm so gut gearbeitet hat. Jetzt beginnt der Teil, in dem wirklich konkrete Rechtschreibregeln gelernt werden. Mit einem tollen neuen Stift bekommt die Rechtschreibung gleich zusätzlich einen besonderen Stellenwert.

3. Rechtschreibregeln nach kurzem Vokal

Bevor Ihr Kind mit diesem Abschnitt beginnt, sollte es lange und kurze Vokale sicher unterscheiden können. Im Kapitel 1.2. haben Sie zusätzliche Methoden und Übungen dazu kennengelernt.

Verschiedene Konsonanten
Vergewissern Sie sich, dass Ihr Kind die Begriffe (Vokal, Konsonant, lang, kurz) verstanden hat.
Die Übungen in diesem Abschnitt machen eigentlich nie Probleme. Üblicherweise sprechen die Kinder die Wörter laut und testen so, ob sie mit lang gesprochenem Vokal blöd oder gut klingen. Klingen sie blöd, ist der Vokal kurz. Ein langer Vokal klingt so, wie er „heißt". Hört man in dem Wort also kein richtig schönes a, e, i, o, u, ä, ö bzw. ü, dann ist der Vokal kurz.
Kinder, die wissen, dass hinter einem kurzen Vokal zwei Konsonanten folgen, zählen allerdings meistens nur ab. Sie lösen das Problem also eher mathematisch. Diese Vorgehensweise entspricht dem alten Muster: Zettel ausfüllen und nicht auffallen. „Sehe ich zwei Konsonanten hinter einem Vokal, dann mache ich unter den Vokal einen Punkt." Wenn Sie das bei Ihrem Kind bemerken, können Sie so vorgehen:

- Lassen Sie die Übung mündlich machen: „Hörst du einen kurzen oder einen langen Vokal?"
- Wählen Sie Wörter mit sch und ch. Hier nützt das Abzählen überhaupt nicht und Ihr Kind muss tatsächlich die Länge des Vokals überprüfen.

Übungswörter zur Vokallänge mit sch und ch
Langer Vokal: Dusche, Buch, knutschen, Sprache, Nische, er wusch sich, Wucher, Kuchen, Küche, Bücher, Plüsch, Rüschen, Fluch, Tuch, Lache (Pfütze)
Kurzer Vokal: Tasche, Bach, Blech, Mischung, Kelch, Busch, Wäsche, Wache, Dach, Masche, Koch, Krach, Loch, Lasche, Tusche, Stachel, Böschung, löschen, Köcher, pochen

Konsonantenverdoppelung

Die Konsonantenverdoppelung ist mit dieser Regel ganz einfach. Man kann sogar mit dem Verlängern überprüfen, ob es stimmt. Auch hier gilt natürlich: Wer abzählt, ist schnell fertig und hat auch alles richtig. Lassen Sie sich daher die Wörter vorlesen. Zur Kontrolle soll jedes einmal auch mit langem Vokal gesprochen werden. Klingt das wirklich komisch? Dann ist der Vokal also kurz und es müssen zwei Konsonanten dahinterstehen.

tz und ck

Hier erkennen Sie, wie wenig Ihr Kind wirklich lernen muss. In fast allen Rechtschreibtrainings ist diesem Thema viel Raum gewidmet – im Lernprogramm nicht. Bis auf die Tatsache, dass die Deutschen ihre Kinder mit diesen Besonderheiten (tz statt zz, ck statt kk) anscheinend ärgern wollen, die aber nicht schlimm sind, da sie in der Grundschule ausführlich geübt werden, ist wirklich nichts Außergewöhnliches daran. Nach dem kurzen Vokal folgen, wie üblich, zwei Konsonanten. Das ist alles.

Sprüche wie: „Nach l, m, n, r, das merke ja, steht nie tz und nie ck." braucht Ihr Kind nicht. Wenn nach einem kurzen Vokal zwei Konsonanten zu hören sind, reicht das. Es darf dann kein weiterer dazuerfunden werden. Also: Bank, Warze ...

Besonderheiten bei Verben

Verben fordern die größte Aufmerksamkeit bei der Rechtschreibung. Sie ändern sich z. T. stark, wenn sie gebeugt (konjugiert) werden. Gerade deshalb ist es wichtig zu wissen, dass der Infinitiv (Grundform) der Chef ist, der bestimmt, wie alle Mitglieder der Familie geschrieben werden. Beim Schreiben daran zu denken, den Infinitiv zu beachten, fällt schwer. Auch wenn das Prinzip klar ist, muss man es immer wieder ansprechen, damit es irgendwann selbstverständlich wird.

Hier ist eine kleine Grammatikeinheit erforderlich. Dabei ist es wichtig, dass Ihr Kind immer sicher ist, was die jeweiligen Begriffe bedeuten. Suchen Sie gemeinsam nach Erklärungen und Beispielen. Das kann ruhig so aussehen:

- Starke Verben sind stark, richtige Rowdys, immer wollen sie Action. Sie verändern sich, halten sich nicht an die Vorgaben ihres Chefs (Infinitiv).
- Schwache Verben sind viel zu schwach und träge, um an ihrer Situation irgendetwas zu verändern. Sie halten sich artig an das, was der Chef verlangt und tun niemandem etwas Böses.

3. Rechtschreibregeln nach kurzem Vokal

- Der Wortstamm ist wie ein Baumstamm ganz groß und stark. Wie Äste können daran verschiedene Vorsilben (vor-, ge-, an-) oder Endungen (-en, -e, -t, -st) hängen. Daraus kann man ganz viele Wörter bilden (vorkommen, ankommt, gekommen). Der Stamm ändert sich dabei aber nicht.
- Für die starken Verben gibt es „Ersatz-Stämme" (kam, lief, log), die auch mit verschiedenen Vorsilben und Endungen kombiniert werden können (ankam, liefen, gelogen).

Lernziel in diesem Kapitel ist aber nur, dass der Wortstamm der Verben gefunden wird. Alles andere sind Hilfsmittel, um zu verstehen, wie und warum das geschieht. Das bedeutet, dass Sie Ihr Kind, wenn es ein Grammatikgegner ist, nicht zu sehr plagen sollten. Wenn es die Übung am Ende des Kapitels sicher richtig macht, reicht es vollkommen aus.

Die Begriffe „Infinitiv" und „Wortstamm" werden jetzt immer wieder verwendet; Ihr Kind sollte sie kennen oder notfalls auch wieder nachschlagen, was sie bedeuten.

Adjektive mit kurzem Vokal

Genau wie bei den Verben gilt die Regel „Punkt, Strich, Strich" auch bei Adjektiven nur für den Wortstamm. Bei der Steigerung werden „-er" bzw. „-(e)sten" einfach an den Wortstamm angehängt.

Lassen Sie Ihr Kind ein paar Adjektive steigern, um zu prüfen, ob das stimmt.

Übungswörter

wild, fett, kalt, lang, mild, nett, platt, hell, bunt

Zusammenfassung

Mit diesem Abschnitt hat Ihr Kind einen großen Schritt auf dem Weg aus dem Rechtschreib-Teufelskreis geschafft. Wie nützlich es ist, merken die Kinder sehr schnell. Sie erkennen, dass es sich lohnt, diese eine Regel zu kennen und anzuwenden.

Nachdem Ihr Kind die Regel zur Schreibung von Wörtern mit kurzem Vokal beherrscht, entwickelt es ganz viel Sicherheit, wenn es darauf achtet, wo diese Regel gebraucht werden kann. Behalten Sie bei Korrekturen speziell diesen Punkt im Auge und besprechen Sie die Erfolge oder Unsicherheiten.

4. Rechtschreibregeln nach langem Vokal

Die Unterscheidung von kurzen und langen Vokalen ist der Schlüssel zur Rechtschreibung.

4.1. Ohne Dehnungszeichen

Gehen Sie bei den Übungen ebenso vor wie bei den kurzen Vokalen.
Die folgenden zwei Regeln sind die allerwichtigsten:
- • || Nach einem kurzen Vokal folgen mindestens zwei Konsonanten („Punkt, Strich, Strich").
- – | Nach einem langen Vokal folgt höchstens ein (gehörter) Konsonant („Strich, Strich").

Sie stehen über jeder anderen Regel, also sind sie auch ausschlaggebend, wenn die Wortverwandtschaft auf etwas anderes schließen lässt.
Daher ist klar:
- Der „Kamm" hat ein kurzes a und daher zwei m.
- Er „kam" hat ein langes a. Egal, wie sein Infinitiv „kommen" geschrieben wird, es darf höchstens ein Konsonant nach dem langen a stehen.

Es lassen sich ganz viele angeblich schwierige Rechtschreibfragen mit diesen zwei Regeln beantworten. Man muss sich nicht jedes einzelne Wort, sondern nur zwei einfache Regeln merken. Aus diesem Grund müssen die kurzen und langen Vokale beherrscht werden, aber der Aufwand lohnt sich wirklich.

Diese Regeln helfen bei vielen Entscheidungen. Häufig bestehen Zweifel, ob vielleicht ein r eingefügt werden soll, z. B. bei „Schwan". Da hier das a eindeutig lang ist (man kann den Mund beim Sprechen des a ganz weit aufmachen und das Wort klingt trotzdem gut), darf nur ein Konsonant folgen. Da entscheidet man sich doch für das n, das man ja hört. Wer sich beispielsweise bei „Park" und „Garten" (im Norden als „Paak" und „Gaaten" gesprochen) unsicher ist, ob ein r nach dem a steht, kann den Plural bilden.

Kurze und lange Vokale durch Verlängern erkennen

Nomen im Plural lassen oft deutlicher den Unterschied zwischen langem und kurzem Vokal erkennen. Das gilt besonders für die Frage, ob dem Vokal ein r folgt:

Park/Pak? – Parks   also: Park
Garten/Gaten? – Gärten   also: Garten
Varter/Vater? – Väter   also: Vater
Schwarn/Schwan? – Schwäne   also: Schwan

Der Vokal bei „Parks" und „Gärten" ist jeweils kurz, also folgen zwei Konsonanten, bei „Väter" und „Schwäne" ist er lang, also folgt nur ein Konsonant. Einen „Varter" oder „Schwarn" kann es also nicht geben.

4.2. Stummes h

LRS-Schüler haben mit dem stummen h oft Schwierigkeiten. Auf die Frage, was sie vom stummen h halten, bekomme ich z. B. solche Antworten:
- *Überflüssig.*
- *Nur da, um Kinder zu quälen.*
- *Kann ich.*
- *Kein Problem.*
- *Mache ich nach Gefühl.*
- *Gibt es da eine Regel?*
- *Das hört man doch, wo man es schreiben muss.*
- *Habe ich nie kapiert.*
- *Ich habe alle Wörter mit h auswendig gelernt.*

Wenn sie herausgefunden haben, wie leicht es ist, nur darauf zu achten, ob dem langen Vokal ein l, m, n oder r folgt, sehe ich oft strahlende Kinderaugen: „Ich habe es verstanden. Ich wende es an und es stimmt." Das sind wunderbare Erfahrungen.

Stumme hs sind eigentlich auch relativ selten. Eins meiner Mathegenies rechnete mal schnell und stellte fest:

- Es gibt 26 Buchstaben, dazu noch ä, ö und ü. Das sind also 29 Buchstaben.
- Ein stummes h darf nur dann stehen, wenn l, m, n oder r dem langen Vokal folgen. Das sind 4 Buchstaben.
- Das bedeutet, dass in 86 % der Fälle kein stummes h steht. Warum regen sich dann alle so darüber auf?

(Dass man „Fehde" und „Draht" [von „drehen"] mit h schreibt, verschweige ich den Kindern.)

Zusammenfassung

Das Anspruchsvollste, was sich Ihr Kind im Lernprogramm merken muss, ist „sch, gr, t, kr, sp, qu": Im **sch**önen **gr**ünen **T**al sind **Kr**ümel-**Sp**uren eine **Qu**al." Es ist nicht zu ändern. Wortstämme, die so beginnen, enthalten kein stummes h und es ist gut, das zu wissen. Alle anderen Regeln sind einfacher und besser zu verstehen. Wenn man sie oft wiederholt, merken sich die Schüler auch diese sechs Wortstammanfänge. Also fragen Sie immer wieder nach dem Merkspruch und vor allem, wozu er dient. Ihr Kind soll damit „sch, gr, t, kr, sp, qu" verbinden und dass Wörter mit diesen Wortstammanfängen kein stummes h enthalten.

Diagramm: langer/kurzer Vokal

Lassen Sie Ihr Kind das Diagramm als Hilfsmittel benutzen, besonders wenn es Texte korrigieren soll. Fast alle deutschen Wörter kann es damit richtig schreiben. Konsonantenverdopplung und Dehnung sind die schwierigsten Rechtschreibthemen. In der Theorie kennt Ihr Kind sie jetzt. Ermutigen Sie es immer wieder, diese Regeln anzuwenden. Viele meiner Schüler haben eine Kopie dieses Diagramms in ihrer Federtasche. Das gibt ihnen große Sicherheit. Sie wissen, dass es Regeln gibt und sie kennen sie eigentlich auch. Wenn sie aber bei der Reihenfolge der Fragen oder den entscheidenden Buchstaben (l, m, n, r und sch, gr, t, kr, sp, qu) unsicher sind, können sie jederzeit nachsehen. Wenn es möglich ist, vereinbaren Sie mit dem Deutschlehrer, dass die Korrektur der Klassenarbeiten in der (am Ende des Kapitels 4.4. im Lernprogramm) vorgeschlagenen Form durchgeführt werden darf.

Korrektur der Klassenarbeiten

Daran kann Ihr Kind erkennen, ob es die Regeln schon umsetzt. Wenn es das schafft, wird es jetzt schnell merken, dass Rechtschreibung sehr wohl zu lernen ist. Das macht Mut zum Weitermachen.

Ausnahmen zum stummen h
Diese Ausnahmen müssen nicht auswendig gelernt werden. Vielmehr ist es bei einigen Wörtern so, dass Ihr Kind sie „automatisch" richtig schreibt. Daher ist es wichtig, sie (relativ kurz nachdem die Regeln geübt wurden) zu besprechen. Sonst ist die Verwirrung nämlich schädlicher als der Lernerfolg. Zu diesen Ausnahmewörtern gehören z. B. „Bär", „Blume", „Name", „König" und „Strom". Es ist nicht schlimm, wenn diese Wörter mit h geschrieben werden. Schlimmer ist es, wenn (wie hier bei einem Achtklässler) solche Gedanken auftauchen: „Kule oder Kuhle?" „Hm. Nach der Regel müsste man das mit h schreiben. – Aber was soll's." Er schrieb „Kule." So also bitte nicht. Entscheiden Sie, welche der Ausnahmewörter Sie mit Ihrem Kind besprechen. Das hängt natürlich auch von der Klassenstufe ab. Eine gute Möglichkeit, sich solche Wörter einzuprägen, ist das Lernwörter-Training à la Tabu, das unter Teil 1, Kapitel 6.2.3. beschrieben wurde. Das Kind muss sich Gedanken zu dem Wort machen; das prägt sich mehr ein als mehrmaliges Abschreiben. Wenn Sie mit ihm allein üben, erklären Sie sich einfach gegenseitig die Begriffe. Sie müssen ja nicht verraten, dass Sie die Lösung schon kennen. Die Ausnahmewörter sollten Sie mit Ihrem Kind ab und zu wiederholen, besonders die wichtigsten, nämlich „holen" und „hören". Hierfür bietet sich natürlich besonders eine Lernkartei an. Ein regelmäßiges Wiederholen damit ist aber sinnvoller als das sonst übliche Bearbeiten, wenn das Fach voll ist (vgl. Teil 1, Kapitel 4.2. und 6.2.3.).

4.3. ie, Doppelvokale, vokaletrennendes h

Das lang gesprochene i
Viele Kinder fürchten das i bzw. ie. Aber da Ihr Kind jetzt den Unterschied zwischen kurzem und langem i kennt (das lange i klingt so wie der Laut, den Mäd-

chen machen, wenn sie eine Spinne sehen), verschwindet jeder Schrecken.
Es ist ganz leicht:
- Kurzes i: Nach i folgen zwei Konsonanten.
- Langes i: Nach ie folgt nur ein Konsonant.

Das bedeutet also auch:
- Wenn nach dem i zwei Konsonanten zu hören sind, ist es kurz und wird i geschrieben.

Mit den wenigen Ausnahmen gehen Sie einfach so vor wie bei den Ausnahmen zum stummen h. Eine Sicherheit aber bleibt: Ein kurzes i wird niemals als ie geschrieben.

Doppelvokale

Die Wörter mit Doppelvokalen muss man leider lernen. Man muss sie aber nicht alle aufsagen können, sondern sie nur erkennen, wenn sie einem begegnen. Auch hier bietet sich das Lernwörter-Training à la Tabu an. Es macht Spaß und wenn man es gelegentlich wiederholt, merkt man, wie gut die Wörter behalten werden.

Zusammenfassung „lange Vokale"

Auf nur einem Blatt findet Ihr Kind alle Regeln und Ausnahmen zu den langen Vokalen. Die Regel zu den kurzen Vokalen kennt es ebenfalls. Ermutigen Sie es immer wieder zu kontrollieren, ob diese Regeln wirklich stimmen. Bestärken Sie es darin, bei Berichtigungen erst einmal nur auf diese Regeln zu achten. Wichtig ist, dass es Fortschritte sieht. Der Lern- und Übungsaufwand waren dafür hoffentlich nicht zu groß.

h am Wortstammende / vokaletrennendes h

Beim vokaletrennenden h wird die Verlängerung gebraucht. Nomen müssen oft im Plural gebildet werden, Verben im Infinitiv und Adjektive muss man steigern, um das h zu hören. Natürlich kann keiner beim Schreiben jedes Wort in Gedanken verlängern, aber Ihr Kind soll lernen, bei Verdacht diese Kontrolle zu machen.

Wer das Prinzip verstanden hat, freut sich, dass er mit absoluter Sicherheit Wörter wie
er „spürt" (von „spüren", beginnt mit sp, also kein stummes h),
er „sprüht" (von „sprühen", vokaletrennendes h),

er „späht" (von „spähen", vokaletrennendes h) und
er „spült" (von „spülen", beginnt mit sp, also kein stummes h)
richtig schreibt und es auch beweisen kann.

Regeln anwenden

Spätestens bei den Quatschwörtern stellt sich heraus, ob Ihr Kind sich ganz auf die Rechtschreibregeln aus diesem Lernprogramm eingelassen hat. Viele LRS-Schüler kommen lange mit der Methode „sieht gut aus / sieht komisch aus" bei einfachen Wörtern zurecht. Es lässt sich nicht feststellen, warum sie (fast) alles richtig geschrieben haben. Für die Grundschulanforderungen reicht diese Methode oft. Im Laufe der Zeit werden aber immer mehr Wörter geschrieben, die Ihr Kind noch nie zuvor gesehen oder geschrieben hat. Jetzt stellt sich heraus, dass kein Regelwissen vorhanden ist.

Als meine Schüler „Fähre" schreiben sollten, gab es, wie es oft der Fall ist, verschiedene Meinungen. Einer war überzeugt: „Fehre, 100 %." Auf die Frage, was er als Wetteinsatz bieten würde, wischte er „100 %" weg. Ein Mädchen erklärte: „Es kommt von ‚fahren'", woraufhin alle, bis auf den einen, Verbesserungen vornahmen. Er überlegte kurz und sagte dann: „Ich bleibe trotzdem dabei." – Er brauchte noch ein paar Beweise, bis er bereit war, seine alten Techniken aufzugeben.

Wer die Quatschwörter richtig schreibt, wird die Regeln auch gut für normale Wörter anwenden können. Dabei ist es wichtig, dass alte, falsche Bilder abgebaut werden, wie in Teil 1, Kapitel 6.2.1. beschrieben.

5. Besonderheiten

s/ss/ß

Wenn lange und kurze Vokale sicher unterschieden werden können, sind auch die s-Laute kein Problem mehr. Wie für die Konsonantenverdoppelung ist auch hier kein Üben von einzelnen Wörtern oder langen Listen nötig. Wer nutzt, was er weiß, wird durch s, ss und ß nicht mehr verwirrt. Wichtig ist, dass Ihr Kind die Angst vor den s-Lauten verliert. Es sollte alle Probleme damit komplett „löschen" und der neuen Regel vertrauen. Besonders schwierig wird es mit den s-Lauten bei Verben, da hier immer das Wortstamm-Prinzip beachtet werden muss. Dies wird in Kapitel 6 des Lernprogramms noch einmal gesondert geübt. Beim Schreiben von Nomen, Verben im Präsens (Gegenwart) und Adjektiven kann Ihr Kind ausprobieren, ob die Regel wirklich stimmt und sie dann voll Vertrauen anwenden.

Abc

Alle Schüler der 5. Klasse können das Abc aufsagen oder singen. Sie können auch, mit mehr oder weniger Aufwand, Nachfolger und Vorgänger der einzelnen Buchstaben benennen. Meistens wird dazu, bei A beginnend, das Abc gesprochen (zumindest in Gedanken). Es dauert ein bisschen länger als bei denjenigen, die die Buchstaben oder Teile des Abc unabhängig vom gesamten erfassen können, ist aber im Allgemeinen richtig.
Durch das Besprechen, das Vorwärts- und Rückwärtsaufsagen und häufiges Wiederholen kleiner Sequenzen von sechs bis acht Buchstaben gelingt es, einen besseren Überblick zu gewinnen. Zumindest sollte ein Kind einschätzen können, ob ein Buchstabe eher am Anfang, in der Mitte oder am Ende des Alphabets zu finden ist. Für die Arbeit mit dem Wörterbuch ist das unerlässlich.

Besondere Laute und Buchstaben

Einige Buchstaben verunsichern LRS-Kinder. Sie haben sie in der 1. Klasse gelernt, z. T. aber kaum benutzt. Besonders das Y verwirrt. Man spricht es wie ü („Typ"), j („Yeti") oder i („Handy"). Nicht ganz so schwierig sind j, q, v, z, ä, ö, ü und c.

5. Besonderheiten

Oft besteht auch Unsicherheit darüber, wie selten gebrauchte Buchstaben geschrieben werden sollen. Nehmen Sie sich die Zeit, mit Ihrem Kind alle schwierigen Buchstaben zu besprechen. Beim Schreiben muss es dann nicht mehr innehalten, um über den Buchstaben nachzudenken. Häufig geschieht es nämlich, dass ein LRS-Schüler durch einen schwierigen Buchstaben oder ein schwieriges Wort so irritiert wird, dass er überhaupt nicht weiterlesen oder -schreiben kann.

Nicht selten verursacht beispielsweise ein Y, wie in „Typ", eine solche Denkpause oder Verwirrung: „Kann das sein? Ich erinnere mich, dass man ‚Typ' so schreibt, aber es klingt doch wie ü. Vielleicht doch ‚Tüp'?"

Buchstaben analysieren

Beschäftigen Sie sich mit den Buchstaben, bis keine Unsicherheiten in Bezug auf ihre Position im Alphabet, ihre Schreibung und Aussprache bestehen. Fünft- und Sechstklässler benötigen dazu eigentlich nur ein paar Anregungen.

- Wie sieht der Buchstabe aus?
- Kneten ist eine gute Möglichkeit, um sich über die Form wirklich klar zu werden.
- Wo kommt diese Form sonst noch vor?
- J sieht aus wie ein Hockeyschläger, Y wie eine Steinschleuder.
- Welche Wörter beginnen mit dem Buchstaben? (Hier hilft das Wörterbuch.)
- Wie klingt der Buchstabe?
- Klingt er immer gleich?
- Welche Eigenarten und Besonderheiten hat dieser Buchstabe?

Wenn Ihr Kind Spaß am Malen hat, kann es für jeden schwierigen Buchstaben ein Bild, ein Poster oder eine Collage anfertigen, auf dem/der alles zu sehen ist, was ihm zu diesem Buchstaben oder Laut einfällt (siehe Teil 1, Kapitel 6.2.2.). Lassen Sie ihm Zeit dafür. Wenn es sich ein paar Tage (immer mal wieder kurz) mit dem Y-Bild befasst, hat es für den Rest seines Lebens kein Problem mehr mit diesem Buchstaben. Es lohnt sich also.

6. Verben richtig schreiben

Überlegen Sie einmal, wie viele Regeln Ihr Kind bis hierher lernen musste, um so sicher die meisten Wörter schreiben zu können. Bis auf „sch, gr, t, kr, sp, qu" wird es wahrscheinlich damit keine Schwierigkeiten haben. Fragen Sie immer wieder nach, warum Ihr Kind ein Wort so schreibt, gerade auch, wenn es richtig geschrieben wurde. Die häufigsten Antworten in meinen Kursen lauten: „Weil das a kurz ist." (z. B. Ball) oder „Weil der Vokal lang ist und dahinter ein l zu hören ist und das Wort nicht mit den verbotenen Wortstammanfängen beginnt (sch, gr, t, kr, sp, qu)," wie z. B. Kehle.

Ihr Kind kann mit Überzeugung seine Schreibweise vertreten.

Wichtig ist, dass Ihr Kind mit absoluter Überzeugung seine Schreibweise vertreten kann. Es muss nicht mehr raten!

Wenn die Schrift schlecht ist, versuchen Sie einmal den Hinweis, dass doch so vieles jetzt richtig geschrieben ist und es schön wäre, wenn man das deutlicher erkennen könnte.
Dieses Kapitel, Verben richtig schreiben, ist sehr anspruchsvoll. Die Verben sind z. T. wirklich nicht einfach. Allerdings ist hier wenigstens die deutsche Sprache nicht die einzige, die gemein ist. Unregelmäßige Verben gibt es auch in anderen Sprachen. Bei den deutschen haben wir den Vorteil, dass wir ihre Aussprache kennen und ihre Schreibweise verstehen können.
Im Eifer des Schreibens passiert es aber immer wieder, dass diese Regeln vergessen werden. Das ist normal, denn wenn man fantasievolle Geschichten denkt und (möglichst mitsprechend) aufschreibt, kann man nicht bei jedem einzelnen Verb innehalten und über seinen Infinitiv nachdenken. Beim Korrekturlesen ist das aber möglich.
Wenn Konsonantenverdoppelung, stummes h, ie, vokaletrennendes h und die s-Laute einigermaßen zuverlässig erkannt werden, können Sie mit den Verben im Lernprogramm weitermachen. Wenn Ihr Kind aber noch sehr unsicher ist, wiederholen Sie die schwierigen Dinge. Dabei können Sie die Übungswörter aus dem Lernprogramm immer wieder verwenden. Sie müssen sich keine neuen ausdenken. Die Wörter aus den Übungen, die im Lernprogramm ausgefüllt wurden, diktieren Sie einfach.
Wenn Sie feststellen, dass Ihr Kind immer wieder über die Vokallänge nachgrübelt, nehmen Sie sich erneut Kapitel 1.2. im Lernprogramm sowie die

6. Verben richtig schreiben

Ergänzungen dazu in diesem Buch (Teil 2, Kapitel 1.2.) vor. Finden Sie heraus, mit welcher Methode Ihr Kind am deutlichsten die Unterschiede bemerkt und untersuchen damit die Übungswörter.

Kann Ihr Kind kurze und lange Vokale gut unterscheiden, macht aber dennoch viele Fehler bei der Konsonantenverdoppelung und Dehnung, lassen Sie es immer wieder Punkte (unter kurze Vokale), Striche (unter lange Vokale) und senkrechte Striche (unter Konsonanten) machen. Es muss immer eines der beiden bekannten Muster erscheinen (Punkt, Strich, Strich oder Strich, Strich). Damit wird gleichzeitig gefordert, dass die Verb-Endungen abgetrennt werden, denn sonst erhält Ihr Kind diese Muster bei Verben oft nicht.

Wenn Sie feststellen, dass Ihr Kind lustlos wird, weil es nicht mehr vorangeht, überspringen Sie dieses Kapitel notfalls erst einmal und machen bei den Wortbausteinen weiter.

Die größten Schwierigkeiten bereiten bei Verbformen die s-Laute und das h. Die Konsonantenverdoppelung ist, wenn man die kurzen Vokale und die Verb-Endungen erkennen kann, unproblematisch.

Wichtig: Stärker als alle Verwandtschaft sind immer die Regeln „kurzer Vokal: zwei Konsonanten, langer Vokal: ein (gehörter) Konsonant".

Daher sind auch „kommen – kam – gekommen" keine Ausnahmen oder Lernwörter.

7. Wortbausteine

Wortbausteine verstehen Kinder am besten, wenn sie kreativ sein dürfen. Anregungen, wie Sie und Ihr Kind mit Karteikarten üben können, finden Sie unter Teil 1, Kapitel 6.2.3.
Um eine Vorsilbe sicher zu erkennen, bietet es sich auch an, zuerst einmal viele Wörter mit dieser Vorsilbe zu bilden, z. B. nach dem Alphabet. Wer mit Bewegung übt, erhöht die Aufmerksamkeit und erfüllt zugleich selbstverständlich die Aufgabe. Außerdem ist es eine willkommene Abwechslung. Das geht z. B. gut, indem Sie sich mit Ihrem Kind einen Ball zuwerfen. Wer den Ball hat, sagt ein passendes Wort: Vor-ahnung, vor-bei, Vor-dach, vor-eilig ... Neben dem sicheren Erkennen der Vorsilbe übt man so wieder einmal das Alphabet. Wenn es zu leicht ist, kann man auch von hinten anfangen: vor-zeigen, Vor-warnung, Vor-verhandlung ...
Wichtig ist, dass Ihr Kind ein Gefühl dafür bekommt, was eine Vorsilbe ist. Diese Übungen können Sie überall, natürlich auch mit der ganzen Familie machen. Bei Vorsilben ist es einfach, im Wörterbuch nachzusehen, ob es für einen Buchstaben tatsächlich kein Wort mit dieser Vorsilbe gibt. Bei Nachsilben ist das nicht möglich. Notfalls einigt man sich einfach, dass keinem etwas einfällt und man daher den nächsten Buchstaben nimmt.

vor- oder for-
Hier fällt mir immer wieder der Spruch ein, den eine meiner Schülerinnen in einer Lerntherapie eingeübt hatte:
„‚Ver-‘ und ‚vor-‘, ich bin ja schlau, schreib ich immer mit 'nem v. – Und dann kam noch was mit fünf Ausnahmen, aber die weiß ich nicht mehr."
Solche Sprüche können manchmal mehr verwirren als nützen. Das Prinzip der Vorsilben gilt immer und muss daher nicht für jede einzelne Vorsilbe gelernt werden. Wichtig ist nur: Die Vorsilben „ver-" und „vor-" schreibt man mit v. Einer meiner Schüler sagte nach dieser Lerneinheit: „Ich bin so glücklich." Auf die Frage, warum, antwortete er: „Weil ich jetzt endlich weiß, wann man „for-" mit Vogel-F und wann mit Fisch-V schreibt."

7. Wortbausteine

Wortfamilien mit for-

Mit „for-" beginnen mehrere Wortfamilien. Die wichtigsten sind „form-" und „fort-". Die Wortfamilie „form-" hat irgendetwas mit der „Form" zu tun, dazu gehören auch Wörter wie „formulieren" oder „Format"; „fort-" hat meist die Bedeutung von „weg" oder „weiter".
Beide unterscheiden sich auch bei Zusammensetzungen klar von der Vorsilbe „vor-". Als die „vor-"-Wörter in alphabetischer Reihenfolge gebildet wurden, hätte schließlich niemand, der mit m oder t an der Reihe war, „Vor-m" oder „Vor-t" gesagt. Stattdessen wählt man lieber „vor-machen" oder „vor-turnen".
Bei den Übungen gilt wieder das Prinzip, dass das Verstandene ausprobiert wird und dadurch Sicherheit entsteht: Frage: „vor" oder „for"? – Überprüfung: Vorsilbe oder nicht? – Aha! – richtig schreiben
Aber auch bei dieser Übung (siehe Lernprogramm, Kapitel 7.5.5.) habe ich schon Überraschungen erlebt. Ein Schüler überlegte, ob die Bedeutung der Wörter etwas mit „vorne", „Form" oder „fort" zu tun haben könnte. Seine Ergebnisse waren auf den ersten Blick schlicht und einfach falsch. („Vortschritt": da geht es doch voran; „Forschrift": die wird doch in einer bestimmten Form gedruckt). Daraufhin verbot ich ihm, so viel zu denken. Ich bat ihn, einfach nach den Buchstaben zu gucken. Er sollte nur überlegen, ob er beim Ballwerfen (Vorsilbe vor-) dieses Wort gesagt hätte. So hat er es verstanden.

Überprüfen der Rechtschreibung

Egal wie schwierig ein Wort auf den ersten Blick erscheint: Wenn es in die Wortbausteine zerlegt wird, wird seine Schreibweise klar. Ihr Kind kann das Wort zunächst einfach aufschreiben, ohne dabei nachzudenken. Dann werden Striche zwischen die einzelnen Wortbausteine gesetzt. Jeder Baustein wird nun untersucht:
Vorsilben, Nachsilben und Endungen: total einfach (bis auf miss-, -ieren, -ie)
Wortstämme nach den bekannten Regeln:
- ||, – |; stummes h: l, m, n, r; sch, gr, t, kr, sp, qu
  ie; vokaletrennendes h; Verlängern für ä/e, äu/eu; b/p, d/t, g/k; s/ß
So kann Ihr Kind beweisen, dass es alles richtig gemacht hat.
Beispiel: verhältnismäßig – ver-hält-nis-mäß-ig
  ver-, -nis, -ig: einfach
  hält: von halten, also mit ä
  mäß: von Maß – Maße, also mit ä und ß

8. Verwechslungsgefahr

Buchstaben und Laute
Inzwischen sind Sie Experte im Umgang mit dem Lernprogramm. Dieser Abschnitt ist relativ langweilig, daher sind Sie gefragt, wenn es darum geht, wie er bearbeitet wird. Seien Sie kreativ. Bilder oder Poster zu den einzelnen Themen sind bei den meisten Kindern sehr beliebt. Sie können beispielsweise gemeinsam eine Liste von Wörtern aufschreiben, die darauf erscheinen sollen (Bär, Geschäft, Gräte, Käfig, Käse, Krähe, Mädchen, Säge). Je nach Vorlieben Ihres Kindes kann es diese Wörter besonders bunt und schön auf ein großes Blatt schreiben, Bilder oder eine Bildergeschichte dazu malen oder aus Zeitschriften Ausgeschnittenes aufkleben. Sogar am Computer können solche Bilder hergestellt werden. Wenn Ihr Kind gerne knetet, kann es Figuren oder 3-D-Bilder zu einzelnen Wörtern oder Wortgruppen anfertigen. Falls Sie feststellen, dass bei einzelnen Themen kein Übungsbedarf herrscht, reicht es, die Wörter in die Lernkartei aufzunehmen und so gelegentlich zu wiederholen.

Ihr Kind soll nicht irgendwelche Wortlisten auswendig lernen. Es geht darum, sich einmal bewusst zu werden, dass es diese Laute und Buchstabenkombinationen überhaupt gibt, in welchen Wörtern sie vorkommen und wie man sie schreibt. Gerade in der 5. Klasse sind qu- und x-Laute oft beinahe unbekannt. Sie verlieren ihren Schrecken und lösen keine Verwirrung mehr aus, wenn man sich einmal etwas intensiver mit ihnen beschäftigt hat. Ein Bild mit allen -chs-Tieren (Fuchs, Dachs, Eidechse usw.) hilft, sich schnell an die richtige Schreibweise zu erinnern.

Alle Wörter mit den einfacheren Buchstaben kann Ihr Kind ja schon sicher richtig schreiben.

„Teekesselchen"
Kennen Sie dieses Spiel? Es geht darum, Begriffe zu finden, die gleich klingen, aber unterschiedliche Bedeutungen haben (Ball zum Spielen, Ball als Tanzfest). Sie werden häufig auch unterschiedlich geschrieben (der [Mode-]Stil, der [Besen-]Stiel).

Bei Trainingsprogrammen für Rechtschreibung und Lerntherapien wird oft darauf hingewiesen, dass man Wörter, die gleich klingen, aber unterschiedlich geschrieben werden, nicht gleichzeitig lernen soll, um die Ähnlichkeitshemmung zu vermeiden. Wenn sehr ähnliche Lerninhalte in kurzer Zeit gelehrt werden, ist es nämlich nicht möglich, sie gut auseinanderzuhalten. Diese Hemmung beim Lernen wird umgangen, wenn ähnliche Themen nicht unmittelbar aufeinanderfolgend erarbeitet werden. Ihr Kind kennt aber jetzt die Rechtschreibregeln, die ihm helfen, (fast) alles richtig zu schreiben. Es kennt auch viele Ausnahmen schon und das Prinzip der Wortbausteine. So ist dieser Abschnitt für vieles eine Wiederholung und zeigt gleichzeitig, wie sicher der Umgang selbst mit so schwierigen Wörtern inzwischen ist.

9. Zusammen oder getrennt?

Für diese Thematik gibt es so viele Rechtschreibregeln, Ausnahmen u. Ä., dass es sinnlos wäre, LRS-Schüler damit zu belasten. Die einfachste Regel ist: Entspanne dich und schreibe getrennt oder zusammen nach Gefühl. Dieses Gefühl kann man aber ein bisschen unterstützen:
- Ist es ein Bunt, ein Specht oder ein Buntspecht?
- Wörter ändern sich beim Deklinieren nicht in der Wortmitte. Also: Es gehört „dem Deutschlehrer", aber „dem deutschen Lehrer".
- Ist es ein Unterschied, ob wir „schließen" oder „abschließen"?
- Ist es ein Unterschied, ob wir „fahren" oder „wegfahren"?
- Hat „schiefgehen" etwas mit „gehen" (also einen Fuß vor den anderen setzen) zu tun oder hat es eine neue Bedeutung? (Es hat eine neue Bedeutung, daher ist es ein eigenes neues Wort, das man als ein Wort schreibt, also zusammen.)
- Hat einen Ball „wieder holen" die Bedeutung von „holen" oder eine neue Bedeutung? (Hier hat es die Bedeutung von „holen", daher schreibt man getrennt.)

Zur Beruhigung: Sehr oft, wenn man sich nicht sicher ist und daher im Wörterbuch nachsieht, steht dort, dass beides möglich ist.

Legen Sie also keinen gesteigerten Wert darauf, dass dieses Thema ausführlich bearbeitet und ab dann fehlerfrei beherrscht wird. Wichtiger ist, die Angst davor zu verlieren. Dann verwirren die Fragen, ob getrennt oder zusammengeschrieben werden muss, nicht mehr. Diese Unsicherheit und Verwirrung würde sonst wieder zu falschen (umständlichen) Denkansätzen führen, die ja eigentlich nicht mehr vorkommen sollen.

„zu" in Infinitivgruppen

Ganz gemein finden viele LRS-Schüler das kleine Wörtchen „zu". Sie müssen ihre Angst davor verlieren und einsehen, dass so ein kleines Wort überhaupt keine Macht hat, weder über Wörter noch über Kinder.
Bei den Übungen (im Lernprogramm 9.2.4.) bewähren sich Farben, die den Unterschied zwischen der Präposition „zu" und der Vorsilbe „zu-" verdeutlichen. Die Verben werden in Blau geschrieben, die Präposition „zu" in Rot. Da auch Verben mit Vorsilben ganz blau sind, also auch die Vorsilbe „zu-"

(zuhören, zuschließen, zusagen), fällt bei der Bildung des Infinitivs mit „zu" auf, dass dieses „zu" mitten im Verb steht. Das erkennt Ihr Kind am eindeutigsten durch den Vergleich: aufschließen – auf**zu**schließen; zuschließen (entsprechend) zu**zu**schließen.

Wenn Ihr Kind das Prinzip verstanden hat, muss es zwar noch ein bisschen Routine entwickeln, aber einfach „üben, bis du es kannst" bringt nichts.

10. „das" oder „dass"?

Erinnern Sie sich an das Beispiel zur Groß- und Kleinschreibung, in dem ein Schüler sich genau an die Regel hielt, die er in der Schule gelernt hatte und trotzdem in einem Satz sechs Fehler machte? Die Frage „‚das' oder ‚dass'?" verleitet zu ähnlich überzeugten Fehleinschätzungen.

- Immer, wenn ich nicht „dieses, jenes oder welches" sagen kann, muss ich „dass" schreiben. – Haben Sie Ihr Kind jemals beim normalen Sprechen „jenes" oder „welches" sagen hören?
- Nach einem Komma steht immer „dass". – Wer sagt, wo ein Komma steht? Auch das Relativpronomen „das" steht hinter einem Komma. Und schließlich: „Dass" kann auch am Satzanfang, also hinter einem Punkt stehen.

Also, am besten wieder einmal alles löschen und neu beginnen. Es ist nicht so schwierig, wie es auf den ersten Blick erscheint, man muss sich nur darauf einlassen.

- Artikel (Begleiter) erkennt eigentlich jeder Schüler.
- Als Demonstrativpronomen ersetzt „das" ein Nomen, das im Satz nicht direkt genannt wird. Es kann entweder durch „dies(es)" oder durch ein Nomen ersetzt werden.
- Relativpronomen leiten Relativsätze ein. Ein Relativsatz erklärt ein Nomen oder Pronomen, das vor dem Relativsatz steht, näher.
- Die Konjunktion „dass" leitet einen Nebensatz ein, der geschrieben werden muss, weil ein Verb es erfordert.

Leider erlebe ich es immer wieder, dass Schüler an dieser Stelle sagen, das wäre ja gut und schön, aber mit ihrer Methode („dieses, jenes, welches") würden sie keine Fehler machen. Das stimmt allerdings nicht. Und wenn eines Tages die Kommaregeln gefragt sind, ist man beim Erkennen von Relativsätzen und „dass-Sätzen" schon ziemlich sicher, wenn man mehr über das/dass gelernt hat. Abgesehen von zahlreichen Übungen zu diesem Thema, die im Internet angeboten werden, wenn Sie z. B. nach „das/dass Übung" suchen, können Sie auch so zusätzlich mit Ihrem Kind üben:

Kopieren Sie einen beliebigen Text, der möglichst viele „das" und „dass" enthält. Lassen Sie Ihr Kind mit einem Textmarker in Gelb alle Artikel markieren. Als Nächstes werden die Relativpronomen mit Grün markiert. Sie stehen immer nach einem Komma und beziehen sich auf ein sächliches Wort im vorangegangenen Hauptsatz (vor diesem Komma). Dieses durch den Relativsatz (der mit dem Relativpronomen beginnt) näher beschriebene Wort wird unterstrichen. Nun folgen die übrigen „das", die in Blau markiert werden. Es sollten alles Demonstrativpronomen sein. Lassen Sie Ihr Kind jeweils ein Nomen als Ersatz dafür finden. (Das war zu viel für ihn. = Diese Strapaze war zu viel für ihn.) Übrig bleiben nur „dass", die in Rot markiert werden. Jedes „dass" wird geschrieben, weil ein Verb es erfordert. Dieses Verb soll gefunden und rot unterstrichen werden.

Die Übungen dienen vor allem dazu, aufmerksam zu werden, sobald ein Verb, das einen dass-Satz erfordern kann, geschrieben wird. Dazu lassen sich auch mit dem „Knickspiel" (siehe Teil 1, Kapitel 6.2.4.) Übungen machen, die selbst den dass-Muffeln gefallen. Benutzen Sie dafür diese Anweisungen:

1. Artikel (der, die, das)
2. Adjektiv (gruselig, nett, zahnlos)
3. Nomen im Singular (Person oder Tier, keine Namen: Kamel, Zahnarzt)
4. Verb (das einen dass-Satz erfordert, 3. Person Singular), dass (siehe Teil 1, Kapitel 6.2.3. „Verben für dass-Sätze": behauptet, dass; erwartet, dass; befürchtet, dass)
5. Artikel
6. Adjektiv
7. Nomen (Person oder Tier, keine Namen)
8. Verb (3. Person Singular: kegelt, flötet, boxt)

Dabei kommt dann vielleicht so etwas heraus:

Der gruselige Kamel behauptet, dass die zahnlose Zahnarzt kegelt.

Vorgelesen wird dann: Das gruselige Kamel behauptet, Komma dass der zahnlose Zahnarzt kegelt.

Wichtig ist, dass das Komma immer mitgesprochen wird, um den Rhythmus der Sätze zu verinnerlichen.

Erfahrungsgemäß findet man in Aufsätzen von Siebtklässlern, die mit dem Lernprogramm bis hierher gearbeitet haben, 30 % das/dass-Fehler, 30 % Groß-/Kleinschreibungsfehler, 20 % Zeichensetzungsfehler, 10 % „Schusselfehler" (Buchstaben auslassen, u statt ü, falsch getrennt am Zeilenende, was ohnehin vermieden werden sollte, indem man lieber gar nicht trennt, sondern das Wort komplett in die nächste Zeile schreibt) und 10 % andere Fehler. Es lohnt sich also, am Thema „das/dass" zu arbeiten.

11. Großschreibung

Hier sehen Sie noch einmal beispielhaft, was passieren kann, wenn sich ein Schüler an die Regeln hält, die er in der Schule gelernt hat:
„Jedes Wort, vor dem man ‚der', ‚die' oder ‚das' sagen kann, wird großgeschrieben."

Das Kleine Mädchen begleitete den jungen, der Sich wegen des wetters eine Rote Regenjacke Kaufen wollte. – 6 Fehler!
Da steht doch „das Kleine" und „der Sich". Man kann nicht „der, die oder das Jungen" oder „der, die oder das Wetters" sagen. Man kann doch „das Kaufen" und „die Rote" sagen.

Wieder einmal wird deutlich, dass LRS-Schüler nicht dumm sind, sondern häufig nur anders denken. Es ist bloß für Eltern und Lehrer manchmal wirklich schwierig herauszufinden, was sie denken. So ist es jedenfalls nicht ganz richtig, der Schüler hätte die Anweisung nicht wörtlich nehmen sollen. – Ist das seine Schuld? Ist er dafür verantwortlich, wenn der Lehrende etwas anderes sagt, als er meint?

Wer im Wörterbuch nachschlägt, muss beim Thema Groß-/Kleinschreibung aufpassen. Beispiel: In China leben Arm/arm und Reich/reich auf engstem Raum.
Schüler schlägt im Duden nach: „der Arm und das Reich; beides groß!"
– Das war etwas voreilig, also noch einmal: Ah, dazu gibt es einen Extrakasten[35]: „Arm und Reich (*veraltet* für jedermann)".
Wenn Ihr Kind also Probleme mit der Groß- und Kleinschreibung hat, versuchen Sie erst einmal herauszufinden, nach welchen Regeln es entscheidet. Damit haben Sie dann einen Anhaltspunkt. Und schon wieder sind Sie gefragt, wenn es darum geht, falsche Regeln zu löschen und richtige zu lernen. Zum Üben finden Sie Kopiervorlagen in Büchern und im Internet, in denen alles kleingeschrieben ist. Besprechen Sie mit Ihrem Kind, woran es die

---

[35] Duden. Die deutsche Rechtschreibung, S. 216.

Wörter erkennt, die es großschreiben muss. Ich kenne beispielsweise diese Aussagen:
- alles, was man sehen und anfassen kann (stimmt)
- alles, was wichtig ist (stimmt nicht)

Man kann die meisten Nomen in diese sechs Kategorien einordnen:
Konkreta (alles, was man sehen und/oder anfassen kann):
1. Eigennamen (Thomas, Martina, Schmidt, Hamburg, Elbe)
2. Sammelnamen (Mensch, Stuhl, Gemüse) (abzählbare Dinge)
3. Material- oder Stoffnamen (Saft, Essig, Wasser)

Abstrakta (etwas, was nicht sichtbar ist):
4. allgemeine Vorgänge (Untersuchung, Verkauf, Betreuung)
5. Eigenschaften (Fleiß, Faulheit, Treue)
6. Gefühle (Liebe, Trauer, Freude)
Aber auch „der Gedanke" und „das Gefühl" sind Nomen.

12. Kommaregeln

Wichtig bei der Zeichensetzung ist das Gefühl. Viele LRS-Schüler setzen souverän fast alle Kommas richtig. Andere versuchen mühsam, logische Regeln zu finden. Besonders die Einschübe erfordern aber, dass sich das Kind auf den Sprachrhythmus einlässt. Üben Sie deshalb, dass beim Lesen jedes Komma mitgesprochen wird.
Die einzige logische, „abzählbare" Regel ist, dass nie zwei gebeugte Verben in einem Satz (Hauptsatz oder Nebensatz) vorkommen.

13. Erfolg motiviert

Das „Intelligente LRS-Schüler Lernprogramm" ist so aufgebaut, dass alles immer verstanden werden kann und soll. Jetzt erkennt man in Klassenarbeiten, dass bestimmte Fehler kaum noch gemacht werden. Darauf sollten Sie und möglichst auch die Lehrer achten. Wird zu dem Thema, das bearbeitet wurde, vieles oder vielleicht alles richtig gemacht? Dann sind Sie absolut auf dem richtigen Weg. Bestärken Sie Ihr Kind, indem Sie genau darauf achten und ihm Mut machen weiterzulernen, weil es doch sichtbar Erfolge bringt.
Andere Fehler sollen natürlich nicht völlig außer Acht gelassen werden. Gerade die „vor"-Übung zeigt, dass ein isoliertes Thema durchaus besprochen und verstanden werden kann, ohne sich strikt an die Reihenfolge zu halten. Sollte Ihr Kind also ein Lieblingsproblem haben, stellen Sie fest, ob zur Erklärung Voraussetzungen nötig sind. Sie können auch in Büchern oder im Internet Ideen sammeln, um das Verstandene zu vertiefen.
Die Übungen sollen immer nur dazu dienen, auszuprobieren und zu bestätigen, was man gelernt hat. Nie soll ein Kind so lange üben, bis es endlich etwas verstanden hat. Lassen Sie Fehlerschwerpunkte, die nicht isoliert erklärt werden können, erst einmal einfach ohne Erklärung berichtigen. Es ist wichtig, sicher das anzuwenden, was klar ist. Zu viele neue Anforderungen führen allzu leicht wieder zur totalen Verwirrung.

> Die Übungen sollen dazu dienen, auszuprobieren und zu bestätigen, was man gelernt hat.

Leider wird gerade von Kindern mit LRS erwartet, dass sie zusätzlichen Einsatz beim Lernen und Üben bringen. Das tun sie ohnehin schon im Schulalltag. Aussagen von lerntherapeutischen Instituten wie „Dann sehen wir uns ab jetzt bis zum Abitur zweimal wöchentlich" verderben einem Fünftklässler verständlicherweise die Laune und Motivation. Bevor man das auf sich nimmt, verzichtet man doch lieber auf das Abitur.
Wenn Sie mit Ihrem Kind zu Hause üben, bestimmen Sie gemeinsam über den Zeitaufwand und das Tempo.
Meine Schüler kommen zwei bis drei Jahre lang einmal pro Woche eine Schulstunde in meinen Unterricht. Sie bekommen keine Hausaufgaben auf

und werden trotzdem von verzweifelt ratenden Fünfen-Schreibern zu selbstbewussten Rechtschreibern.

Mit dem Prinzip, über das Verstehen den Rechtschreib-Teufelskreis zu verlassen und im Erfolgskreis weiterzukommen, zeigen diese Kinder, was sie eigentlich schon immer waren: liebenswerte Genies, die jetzt zum Glück nicht mehr an der Rechtschreibung verzweifeln.

Anhang

Grundsätze zur Förderung von Schülerinnen und Schülern mit besonderen Schwierigkeiten im Lesen und Rechtschreiben oder im Rechnen

Beschluss der Kultusministerkonferenz vom 04.12.2003 i. d. F. vom 15.11.2007

[...] Grundsätze

Auch Schülerinnen und Schüler mit besonderen und lang anhaltenden Schwierigkeiten im Lesen und Rechtschreiben unterliegen in der Regel den für alle Schülerinnen und Schüler geltenden Maßstäben der Leistungsbewertung. Ein Nachteilsausgleich oder ein Abweichen von den allgemeinen Grundsätzen der Leistungsbewertung kommt beim Erlernen von Lesen und Rechtschreiben in Betracht und wird mit andauernder Förderung in den höheren Klassen wieder abgebaut.

Vorrangig vor dem Abweichen von den allgemeinen Grundsätzen der Leistungsbewertung sind Hilfen im Sinne eines Nachteilsausgleichs vorzusehen.

Als **Nachteilsausgleich** sind Maßnahmen denkbar wie:
- Ausweitung der Arbeitszeit, z. B. bei Klassenarbeiten,
- Bereitstellen von technischen und didaktischen Hilfsmitteln (z. B. Audiohilfen und Computer),
- Nutzung methodisch-didaktischer Hilfen (z. B. Lesepfeil, größere Schrift, optisch klar strukturierte Tafelbilder und Arbeitsblätter).

Als **Abweichungen von den allgemeinen Grundsätzen der Leistungsbewertung** kommen in Betracht:
- Einordnen der schriftlichen und mündlichen Leistung unter dem Aspekt des erreichten individuellen Lernstands mit pädagogischer Würdigung von Anstrengungen und Lernfortschritten vor allem in der Grundschule,
- stärkere Gewichtung mündlicher Leistungen, insbesondere in Deutsch und in den Fremdsprachen,

- Verzicht auf eine Bewertung der Lese- und Rechtschreibleistung nicht nur im Fach Deutsch, sondern auch in anderen Fächern und Lernbereichen,
- Nutzung des pädagogischen Ermessensspielraumes und zeitweise Verzicht auf die Bewertung der Rechtschreibleistung in Klassenarbeiten während der Förderphase.

Alle Abweichungen von den üblichen Bewertungsregelungen müssen ihre Grundlage in den individuellen Förderplänen/Lernplänen der Schülerinnen und Schüler haben und dokumentiert sein.

Zeugnisse

[...]

Zudem kann eine einzelne Benotung in einem Zeugnis auch dazu genutzt werden, eine Schülerin oder einen Schüler zur Weiterarbeit oder zur Verbesserung der Leistung zu ermutigen.

Abweichungen von den allgemeinen Grundsätzen der Leistungsbewertung sind jedoch in geeigneter Weise im Zeugnis zu vermerken.

Bei der Entscheidung der Schule über die Versetzung oder über den Übergang in eine weiterführende Schule ist vorrangig die Gesamtleistung der Schülerin oder des Schülers zu berücksichtigen, da es sich dabei auch um eine Prognoseentscheidung handelt.

Abschlüsse, Prüfungssituationen

Abschlussverfahren, Abschlussprüfungen, Abschlusszeugnisse und Abschlussvergaben sind für den weiteren Bildungs- und Berufsweg der Schülerinnen und Schüler von ausschlaggebender Bedeutung. Die Leistungsbewertung muss sich daher bei Abschlüssen wegen des grundgesetzlich vorgegebenen Gleichbehandlungsgebots, insbesondere im Hinblick auf die freie Wahl von Beruf und Ausbildungsstätte, nach einheitlichen Kriterien richten.

Ein dem jeweiligen Einzelfall angemessener **Nachteilsausgleich** ist in einer Prüfungssituation zu gewähren, wenn durch eine besonders schwere Beeinträchtigung des Lesens und Rechtschreibens allein der Nachweis des Leistungsstands, also die technische Umsetzung durchaus vorhandener Fähigkeiten, Fertigkeiten und Kenntnisse, erschwert wird und wenn die Beeinträchtigung in der weiteren Berufs- oder Hochschulausbildung durch Hilfsmittel ausgeglichen werden kann.

Die Feststellung, ob die Voraussetzungen für die Anpassung der äußeren Prüfungsbedingungen an die besonderen Bedürfnisse des betroffenen Prüflings vorliegen, ist eine schulische Entscheidung, die einer landesrechtlichen Regelung bedarf. Eine der Prüfung unmittelbar vorangegangene mehrjährige schulische Förderung ist ein Indiz für die Gewährung eines Nachteilsausgleichs.

Die schulische Förderung soll dokumentiert sein. An der Feststellung der Voraussetzungen für die Gewährung eines Nachteilsausgleichs ist die Lehrkraft für das Fach Deutsch zu beteiligen. Bemerkungen über die Gewährung eines Nachteilsausgleichs, wie die Verlängerung der Bearbeitungszeit für eine Prüfungsaufgabe, gehören nicht in das Abschlusszeugnis.

Anders als die Anpassung der äußeren Prüfungsbedingungen an die durch eine Lese-Rechtsschreib-Schwäche hervorgerufene Beeinträchtigung einer Schülerin oder eines Schülers stellt das **Abweichen von den allgemeinen Grundsätzen der Leistungsbewertung** in einer Prüfungssituation oder bei der Vergabe eines Abschlusses eine Privilegierung gegenüber den Mitschülerinnen und Mitschülern dar. Aufgabe der Leistungsbewertung in einem Abschlussverfahren, in einer Abschlussprüfung, in einem Abschlusszeugnis oder bei der Abschlussvergabe ist es gerade zu ermitteln, bis zu welchem Grad der Prüfling die Lernziele erreicht hat. Für den Fall, dass ein Land dennoch die Anforderungen an Prüflinge, die durch eine Lese-Rechtschreib-Schwäche besonders schwer beeinträchtigt sind, zurücknehmen möchte, bedarf dies einer landesrechtlichen Ermächtigung. Abweichungen von den allgemeinen Grundsätzen der Leistungsbewertung sind im Abschlusszeugnis zu vermerken.

Quelle: http://www.kmk.org/fileadmin/veroeffentlichungen_beschluesse/2003/ 2003_12_04-Lese-Rechtschreibschwaeche.pdf

Literatur

Davis, Ronald D. & Braun, Eldon M.: Legasthenie als Talentsignal. Lernchance durch kreatives Lesen. 14. Auflage. Kreuzlingen und München: Ariston 1998
Duden. Die deutsche Rechtschreibung. Hg. von der Dudenredaktion. 25., völlig neu bearbeitete und ergänzte Auflage. Mannheim, Leipzig, Wien, Zürich: Dudenverlag 2009 (= Duden Band 1)
Geist, Alexander: Mentor Lernhilfe Deutsch 7./8. Klasse. Rechtschreib-Krimis 1. Buchstaben und Laute, Worttrennung. 8. Auflage. München: Mentor Verlag 2006
Geist, Alexander: Mentor Lernhilfe Deutsch 5.–7. Klasse. Rechtschreib-Krimis 2. Groß oder klein, zusammen oder getrennt, Komma oder nicht? 6. Auflage. München: Mentor Verlag 2004
Jägel, Wolf Dietrich: Grammatik. Hg. v. Johannes Diekhans, & Othmar Höfling. Paderborn: Ferdinand Schöningh Verlag 2003 (= Grundlagen Deutsch)
Livonius, Uta: Intelligente LRS-Schüler – Leitfaden für Lehrer. Erkennen und verstehen – fördern und beraten. Hamburg: AOL-Verlag 2014
Livonius, Uta: Intelligente LRS-Schüler – Lernprogramm. Grundlagen und Regeln verstehen und üben. Hamburg: AOL-Verlag 2014
LRS – Legasthenie in den Klassen 1–10. Handbuch der Lese-Rechtschreib-Schwierigkeiten. Band 1: Grundlagen und Grundsätze der Lese-Rechtschreib-Förderung. Hg. v. Ingrid M. Naegele & Renate Valtin. 6. Auflage. Weinheim und Basel: Beltz Verlag 2003
LRS – Legasthenie in den Klassen 1–10. Handbuch der Lese-Rechtschreib-Schwierigkeiten. Band 2: Schulische Förderung und außerschulische Therapien. Hg. v. Ingrid M. Naegele & Renate Valtin. 2. Auflage. Weinheim und Basel: Beltz Verlag 2001
Lutz, Horst: Life Kinetik®. Gehirntraining durch Bewegung. 3. Auflage. München: Blv Buchverlag 2012
Schulte-Körne, Gerd & Mathwig, Frank: Das Marburger Rechtschreibtraining. Ein regelgeleitetes Förderprogramm für rechtschreibschwache Kinder. Bochum: Winkler Verlag 2001
Was tun bei Legasthenie in der Sekundarstufe? Hg. v. Bernd Ganser & Wiltrud Richter. Donauwörth: Auer Verlag 2003

Weiterführendes zu Fit fürs Lernen (Teil 1, Kapitel 3.2.)

Dennison, Paul E. & Dennison, Gail E.: Brain-Gym® – für Kinder. 19. Auflage. Kirchzarten bei Freiburg: VAK Verlags GmbH 2009
Dennison, Paul E. & Dennison, Gail E.: Brain-Gym® – Lehrerhandbuch. 15. Auflage. Kirchzarten bei Freiburg: VAK Verlags GmbH 2008
Dennison, Paul E. & Dennison, Gail E.: Brain-Gym® – das Handbuch. Kirchzarten bei Freiburg: VAK Verlags GmbH 2010

Holford, Patrick & Colson, Deborah: Optimale Gehirnernährung für Kinder. Fit im Kopf, fit in der Schule, fit im Leben. 2. Auflage. Kirchzarten bei Freiburg: VAK Verlags GmbH 2011

Kiefer, Ingrid & Zifko, Udo: Brainfood. Fit im Kopf durch richtige Ernährung. 4. Auflage. Wien: Kneipp Verlag 2007

Konenberg, Ludwig & Förder, Gabriele: Kinesiologie für Kinder: Wie Sie Lernblockaden abbauen. 4. Auflage. München: Gräfe und Unzer Verlag GmbH 2009

Spiele und Lernhilfen

Mattel 51272-0: Scrabble Das Original, Brettspiel
Mattel 51928-0: Scrabble Junior, Brettspiel
Parker 14334100: Tabu Junior – Edition 4 (2011 von Hasbro)
Parker 30658100: Tabu Edition 6 – Neuauflage (2012 von Hasbro)
Ravensburger® 27165: Set! Ravensburger® Kartenspiele
Ravensburger® 23501: 1000 Namen. Ravensburger Spieleverlag
Ravensburger® 23116: Wortfix. Ravensburger Spieleverlag
Schmidt Spiele 01602: Hands Up
Spear-Spiele 52385: Denk-Fix!

Kartenspiele:
Adlung Spiele 46145: Speed von Adlung-Spiele
Adlung Games 76015: Express von Adlung-Spiele
Adlung Games 76019: Sambesi von Schmidt Spiele
Adlung Games 76021: Viele Dinge von Schmidt Spiele

Lernkarten von LingoPlay:
Vokalissimo 1, Art-Nr.: LC.30.442
Vokalissimo 2, Art-Nr.: LC.30.443
Wortbausteine, Art-Nr.: MC.35.420

AOL-5-Fächer-Lernbox, AOL-Verlag 2014

Linktipps

ICD F81, 2013
http://www.icd-code.de/icd/code/F81.-.html

Grundsätze zur Förderung von Schülerinnen und Schülern mit besonderen Schwierigkeiten im Lesen und Rechtschreiben oder im Rechnen. Beschluss der Kultusministerkonferenz. (KMBek vom 16. November 1999, Amtsblatt – KWMBl. I S. 379, in Abschnitt IV, 2. Absatz geändert am 11. August 2000, KWMBl I S. 403)
http://www.kmk.org/fileadmin/veroeffentlichungen_beschluesse/2003/2003_12_04-Lese-Rechtschreibschwaeche.pdf

Phase 6
http://www.phase-6.de

Legasthenie, Lese-Rechtschreib-Schwäche
http://www.schulberatung.bayern.de/schulberatung/index_05164.asp

Erdinger Rechtschreibtraining
http://www.afg-erding.de/tl_files/Schulleitung/psycho-geist/Beschreibung_des_Erdinger_Rechtschreibtrainings_%28Konzept,praktische_Tipps%29.pdf

Erlasse

Baden-Württemberg
http://www.kultusportal-bw.de/site/pbs-bw/get/documents/KULTUS.Dachmandant/KULTUS/kultusportal-bw/pdf/kP_Verwaltungsvorschrift_Besondere_Foerderung.pdf

Bayern
http://www.schulberatung.bayern.de/imperia/md/content/schulberatung/pdfmuc/legasthenie/legasthenie_kmbek_1999.pdf

Berlin
http://gesetze.berlin.de/Default.aspx?vpath=bibdata/ges/blngsvo/cont/blngsvo.p16.htm&pos=0&hlwords=lrs%C3%90+lrs+#xhlhit/

Brandenburg
http://www.bravors.brandenburg.de/sixcms/media.php/15/Abl-MBJS_04_2011.pdf

Bremen
http://www.bildung.bremen.de/sixcms/media.php/13/lsr-erlass.pdf

Hamburg
http://lvl-hamburg.de/sites/lvl-hamburg.de/files/dokumente/Richtlinie.pdf

Hessen
http://www.lvl-hessen.de/file/verordnung_gestaltung_schulverhaeltnisses.pdf

Mecklenburg-Vorpommern
http://www.bildungsserver-mv.de/download%5Cmaterial%5Cbm_handreichung_foerderung.pdf
Niedersachsen
http://www.mk.niedersachsen.de/portal/live.php?navigation_id=1891&article_id=6411&_psmand=8
Nordrhein-Westfalen
http://www.schulministerium.nrw.de/BP/Schulrecht/Erlasse/LRS-Erlass.pdf
Rheinland-Pfalz
http://foerderung.bildung-rp.de/fileadmin/user_upload/foerderung.bildung-rp.de/Lernschwierigkeiten/KMK/VV_Lernschwierigkeiten_Sek_I.pdf
Saarland
http://www.vorschriften.saarland.de/verwaltungsvorschriften/vorschriften/06_0998.pdf
Sachsen
http://www.landkreis-nordsachsen.de/f-Download-d-file.html?id=1308%E2%80%8E
Sachsen-Anhalt
http://www.mk-intern.bildung-lsa.de/Bildung/er-leistungbeurteilungzwbildungsweg.pdf
Schleswig-Holstein
http://www.schleswig-holstein.de/Bildung/DE/Service/Schulrecht/Erlasse/Downloads/Legasthenie_neu__blob=publicationFile.pdf
Thüringen
http://www.thueringen.de/imperia/md/content/tkm/schule/brosch__re_sonderp__dagogische_f__rderung.pdf